Radreiseführer

EmsRadweg

Genussmomente und lohnenswerte Schlenker
für Reise-Radler und E-Bike-Entdecker

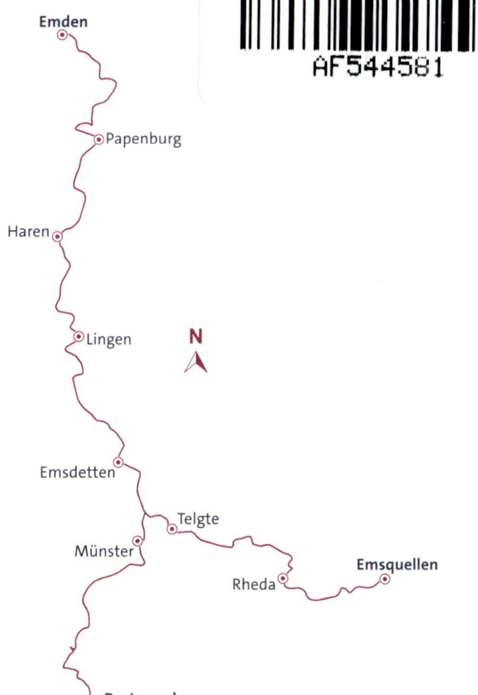

Lasse den Alltag hinter dir. Nimm dir die Zeit – Fahr los, um etwas zu erleben und schreibe es nieder. Erinnere dich an deine Reise, an die Natur, die Städte und die Menschen, mit denen du die Momente geteilt hast.

Der EmsRadweg

Von der Senne bis zur Nordsee. Mit Dortmund-Ems-Kanal

Emsauen bei Telgte

Die Ems

Die 375 km lange Ems durchfließt zwischen der Heidelandschaft der Senne und der Mündung in die Nordsee berühmte Landschaften wie das Münsterland, das Emsland, das Rheiderland und Ostfriesland. Am Weg liegen eindrucksvolle Wasserburgen, Fachwerkstädte, Windmühlen und Papenburg, das „Venedig des Nordens". Für das Finale folgt der Radweg dem Deich entlang der 100 km langen Tidenems: Zweimal täglich strömt die Ems hier flussaufwärts. Ab Emden fließt die Ems als „Emder Fahrwasser" in einer Strömungsrinne in die Nordsee.

Die Heide blüht im August und überzieht die Senne mit einem lila Teppich

Heidelandschaft und Pferde

Von den Emsquellen in der Senne geht es vorbei an bedeutenden Vogelschutzgebieten wie dem Steinhorster Becken nach Rietberg und Wiedenbrück mit sehenswerten Fachwerk-Altstädten. Ein Paradies für Radfahrer ist die Parklandschaft des Münsterlandes, ein einzigartiges Landschaftsmosaik aus Gehölzen, Feldern, Alleen, Wiesen und westfälischen Dörfern und Städten. Pferdegestüte signalisieren die Nähe zur Pferdehochburg Warendorf, die wie das folgende Telgte mit einer hübschen Altstadt zum Bummel einlädt.

Die Emsauen südwestlich von Greffen

An der Ems bei Telgte

Durchs Münsterland ins Emsland

Frühling im Emsland

Gleich hinter Telgte liegt Haus Langen, ein ehemaliges Rittergut. Entlang der Ems geht es nach Gelmer, wo die alte Kanalführung an die Anfänge des Dortmund-Ems-Kanals erinnert. Von hier aus kommt man autofrei nach Münster. Beim Kloster-Schloss Bentlage nördlich von Rheine verlässt der Ems-Radweg die Parklandschaft und taucht in die Auenlandschaft des Emslandes ein. Auch im Emsland schlängelt sich die Ems in zahllosen Windungen durch Wiesen und Wälder. Kulturelle Höhepunkte sind die Altstädte von Rheine und Lingen.

Windmühle in Meppen

Hinter Lingen verändert sich auch die Ems, vermehrt sind Schiffe zu sehen, denn in Meppen treffen Dortmund-Ems-Kanal und Ems das zweite Mal zusammen. Meppen begeistert mit Häfen, Wehren und Schleusen, in der Hafenstadt Haren der Museumshafen und das Schifffahrtsmuseum, die an die Frühzeit der Emsschifffahrt erinnern. Auf dem weiteren Weg nach Papenburg finden sich wechselweise Passagen entlang alter Emsarme und Kanalwegen. Papenburg wird wegen seiner vielen Kanäle auch das „Venedig des Nordens" genannt.

Ostfriesische Deichidylle

Schleusen, Schiffe und Altarme

In Papenburg beginnt das Finale dieser schönen Radtour zum Meer, zweimal täglich fließt der Fluss nun unter dem Einfluss der Tide flussaufwärts. Der Radweg entlang des Deichs führt vorbei an den hübschen Dörfern des Rheiderlands, begleitet von den Rufen der Vögel, die beidseits der Ems bedeutende Rückzugsgebiete gefunden haben. Für den Schlussspurt wird in Ditzum die Ems mit der Fähre gequert, dann ist es nicht weit zum Seehafen Emden. Wer Zeit hat, kann der Ems noch zur Einmündung in die Nordsee am Seedeich entlang folgen.

Auf dem Deich entlang der Tideems

Vorfreude...

Mit dem Zweirad aufzubrechen und aus eigener Kraft entlang des Radfernweges Land und Leute, Kultur- und Naturschätze zu entdecken, ist ein unvergleichliches Erlebnis. Damit dies gelingt, geben dir die nächsten Seiten eine Einführung zum Buch, wertvolle Tipps sowie Erfahrungswerte von Profis zu Tourenplanung und Checklisten. Außerdem gibt es hilfreiche Infos zur Beschilderung entlang des Radweges und zur Wegequalität.

ZUM RADREISEFÜHRER
Alles über die Kapitel, zu Highlights, Schlenker, Wissenswertes und über das Roadbook im Detail... **S.16 – 19**

GPX-TRACK & TOURENPLANUNG
Alle Infos zum Download der Hauptroute und wie man seine persönliche Radtour optimal plant... **S. 20 & 21**

ANREISE MIT DEM ZUG
Umweltfreundlich, ohne Parkprobleme und zusammen mit Freunden. Alle Informationen... **S. 22 & 23**

EXPERTENTIPP
Erfahrungswerte, Spezielles zum Elektrorad und die Checkliste vor jeder Fahrt von den Profis... **S. 22 & 23**

EINGEPACKT
Erfahrene Radreisende folgen dem Grundprinzip „Weniger ist mehr". Es gilt, den Spagat zwischen sinnvoller Ausrüstung und Gewicht bzw. Packvolumen zu meistern. Des Weiteren sollte systematisch und ausbalanciert gepackt werden. Es schafft Sicherheit und spart Zeit und Nerven. Die Checkliste...
S. 24 & 25

Zum Radreiseführer

Das Buch ist klar und einfach in zwei Teile gegliedert:
Reiseführer & Roadbook

Mit dabei sind ein Kontaktverzeichnis, eine große Extra-Karte und der GPX-Track zur Hauptroute.

Der Reiseführer und die Extra-Karte für den nötigen Überblick zeigen dir das „Rundherum" des Weges und nicht nur den Asphalt unter den Reifen. Hier werden die Stationen des Radwegs charmant beschrieben. Die Einteilung in **„Kapitel"** dient der großräumigen Orientierung. Dabei handelt es sich nicht um Empfehlungen für Tagesetappen. Die Wahl des Fahrrades, mit oder ohne Motorunterstützung, und konditionelle Unterschiede erfordern eine individuelle Etappenplanung.

Jedes Kapitel beginnt mit einem illustrierten Höhen- und Streckenprofil zur schnellen Orientierung. Die Beschreibung greift nach und nach den landschaftlichen Charakter und die Sehenswürdigkeiten entlang der Hauptroute auf und vermittelt auf diese Weise ein Gefühl für die Umgebung. Unterbrochen wird der Text durch farblich hinterlegte Infoboxen.

Highlights am Wegesrand: Diese sind im Haupttext hervorgehoben und mit blauem Symbol durchnummeriert (siehe oben rechts). In grünen Infoboxen mit der entsprechenden Symbol-Nummer, wird das jeweilige Highlight detailliert beschrieben. Die Stadtpläne helfen bei der Orientierung an Ort und Stelle. Im Roadbook sind die Sehenswürdigkeiten mittels Symbol-Nummer verortet.

Am Deich entlang auf dem Weg nach Emden

Lohnenswerte Schlenker: Neben den Highlights sind im Text auch abseits vom Radweg gelegene Sehenswürdigkeiten als Lohnenswerte Schlenker ausgewiesen. Denn häufig zahlen sich kleinere oder größere Abstecher von der Hauptroute aus, um interessante Orte und Geheimtipps fernab des Trubels für sich zu entdecken. Die Kennzeichnung im Text sowie in der dazugehörigen Infobox und im Roadbook erfolgt ebenfalls über die entsprechende Symbol-Nummer.

Wissenswertes über lokale und regionale historische, landschaftliche oder kulturelle Gegebenheiten wird an vielen Stellen in roten Infoboxen vermittelt. Am Ende eines jeden Kapitels folgt ein **Kulinarischer Abzweig**.

Roadbook: Detailkarten und exakte Wegbeschreibung

GPX-Track: die Hauptroute für die digitale Navigation

Extra-Karte: maximale Übersicht und Planungsinstrument

Das Roadbook enthält die Detailkarten mit eingezeichneter Hauptroute und die dazugehörige Streckenbeschreibung. Stellenweise können mehrere offizielle Varianten des Radwegs existieren. Unsere Autoren haben die schönste als Hauptroute gewählt und als rote Linie dargestellt. Es ist möglich, dass diese Route punktuell vom offiziellen Verlauf abweicht, um verkehrsreiche Abschnitte zu umfahren oder besondere Highlights entlang der Strecke aufzunehmen. Das Roadbook ist an die aktuellen Bedingungen rund um den Radweg angepasst. Die mittlerweile gute bis hervorragende Beschilderung der beliebtesten Radwege sowie die häufig offiziell erhältlichen Radwege-Apps und digitalen Wegverläufe erlauben es, das Roadbook auf das Wesentliche zu reduzieren und dadurch eine optimale Übersichtlichkeit zu erreichen.

Linien: Unsere Hauptroute wird als durchgezogene rote Linie abgebildet. Ausgewählte Varianten werden als rot gestrichelte Linie dargestellt. Lohnenswerte Schlenker entsprechen der grünen Linie und zweigen von der Hauptroute ab. Maßstabsbedingt können nicht alle Schlenker im Roadbook abgebildet werden.

Wegpunkte: Der Text und die Kartografie sind über die Wegpunkte miteinander verbunden. Schwarze Kreise mit weißer Zahl beschreiben die Hauptroute. Grüne Wegpunkte erläutern den Verlauf der Lohnenswerten Schlenker.

Kilometrierung: Die Hauptroute ist vom Start bis zum Ziel fortlaufend in regelmäßigem Abstand mittels weißer Kilometerangabe in rotem Kreis beschildert. An jedem Ort ist die bereits zurückgelegte Strecke problemlos ablesbar und die Anschlusskarte schnell gefunden. Steigungspfeile entlang der Route markieren steilere Abschnitte in oder entgegen der Fahrtrichtung.

Sehenswürdigkeiten: Soweit möglich, sind die im Reiseführer beschriebenen Highlights und Schlenker im Roadbook mit blauem Symbol und weißer Nummer verortet. Darüber hinaus enthalten die Karten viele weitere Hinweise zu touristischen Attraktionen und landschaftlichen Besonderheiten entlang des Radweges. Die vollständige Kartenlegende befindet sich auf der hinteren Klappe.

Aktuelles: Hochwasser- oder baustellenbedingte Umleitungen sind in der Regel gut ausgeschildert und werden ebenso wie die aktuellsten Verkehrsinformationen, Hinweise und Sicherheitsmaßnahmen auf den offiziellen Seiten des Radwegs und der Touristinformationen kommuniziert. Hilfreiche Adressen und Kontakte finden sich auf den nächsten Seiten und bei den Reiseinfos im Anhang.

GPX-Track & Tourenplanung

Den GPX-Track zur Hauptroute des Roadbooks gibt es hier zum Download:

www.kompass.de/gpx

Für die Planung einer Radtour und der einzelnen Tagesetappen sollte man sich genügend Zeit nehmen. Mache dich mit deiner Tour vertraut und wähle deine persönlichen Highlights aus. Dort wirst du bestimmt mehr Zeit verbringen wollen. Mit großer Sicherheit wirst du auch unterwegs auf den einen oder anderen Ort treffen, an dem du ungeplant verweilen möchtest.

Ohne große Erfahrung mit mehrtägigen Radtouren sollte man eher kürzere Etappen einplanen. Wenn man sein Konditionslevel nicht kennt, ist es hilfreich, vorab einzelne Tagesausflüge mit seinem beladenen Tourenrad zu unternehmen. Dabei sollte man möglichst ohne große Anstrengung fahren, da es auf die Ausdauer und nicht auf die Geschwindigkeit ankommt. So wird schnell klar, bei welcher durchschnittlichen Tages-Kilometer-Leistung die eigene Komfortzone liegt und was die Stärken und Schwächen des Rades und der Sitzposition sind. Des Weiteren gilt es, regelmäßig Pausen einzuplanen und evtl. einen Ruhetag an einem lohnenswerten Ziel.

Wie viele Kilometer schafft man? Pauschal kann dies nicht gesagt werden, da zu viele Faktoren eine Rolle spielen wie u.a. die eigene Kondition, das Gepäck, die zu überwindenden Höhenmeter oder auch das Wetter. Starker Gegenwind kann die Durchschnittsgeschwindigkeit halbieren. Mit dem E-Bike kann die Distanz schnell um 20-30% oder sogar 50% und mehr gesteigert werden. Eigene Probefahrten schaffen Gewissheit und helfen, die persönliche Durchschnittsgeschwindigkeit und eine realistische reine Fahrzeit exklusive Pausen für sich zu ermitteln. Damit ist die Tages-Kilometer-Leistung schnell berechnet. Die nachfolgende Auflistung zeigt Erfahrungswerte, also Tages-Distanzen in Abhängigkeit vom Konditionslevel für Radtouren in ebenem bis mäßig hügeligem Gelände und dient der groben Orientierung:

<30 km = relativ einfach (Anfänger und Etappen mit Kindern)
30-40 km = gemütlich (häufige Pausen und größere Gruppen)
40-50 km = durchschnittlich (ab 50 km sind Sportliche schon gut dabei)
50-80 km = erhöhte Kondition (bereits nach leichtem Training machbar)
80-120 km = gute Kondition (mit viel Gepäck benötigt man für 120 km den ganzen Tag)
> 120 km = sehr gute Kondition

Plan B: Sollte man sich bei der Etappenlänge verplant haben, so stehen häufig regionale Fahrradtaxi-Unternehmen, Fähren, Bus und Bahn zur Verfügung (Kontakt über Touristinformationen und die offizielle Radwegseite). Im Notfall kann immer eine alternative Unterkunft gewählt werden.

Anreise mit dem Zug

Umweltfreundlich, mit Freunden als Gruppe und ohne Stau. Mit genügend Vorlaufzeit und Planung gelingt die An- & Abreise per Zug problemlos. Die Frage, wie man nach der Radtour das am Start abgestellte Auto erreicht, stellt sich erst gar nicht. Informationen bieten die folgenden Adressen.

Zentrale Service-Hotline der DB:

0180 6 99 66 33

(20 Cent/Anruf aus dem Festnetz, Mobilfunk max. 60 Cent/Anruf.)

Informationen zur Fahrradmitnahme, -versand und -miete. Sowie Buchung bzw. Reservierung von Tickets und Stellplätzen.

Zentrale Service-Hotline der ÖBB:

+43 (0)5 17 17

(Gebührenpflichtig. Die Höhe der Gebühr richtet sich ausschließlich nach dem jeweiligen Festnetz- oder Mobilfunkvertrag des Anrufers. Die ÖBB verrechnen keine zusätzlichen Kosten.)

Alle Informationen über die Mitnahme vom Fahrrad bei der Deutschen Bahn: www.bahn.de/p/view/service/fahrrad/bahn_und_fahrrad.shtml

Tipps der DB, um die Bahnreise mit dem Fahrrad zu erleichtern: www.inside.bahn.de/checkliste-fahrrad-mitnahme-bahn/

Informationen über die Fahrradmitnahme in den Zügen der Österreichische nBundesbahnen: www.oebb.at/de/reiseplanung-services/im-zug/fahrradmitnahme

Der ADFC informiert zu allen Themen rund ums Rad: https://www.adfc.de

Tipp vom Experten

Die Profis von Diamant blicken auf eine über 135-jährige Geschichte zurück. Für uns haben sie das Wichtigste zusammengeschrieben, damit die Fahrradtour gelingt.

Checkliste vor jeder Fahrt:

✓ Lenker und Vorbau kontrollieren
✓ Laufräder prüfen (Reifendruck, Befestigung etc.)
✓ Bremsen testen (Bremsbelag, Scheiben, Felgen etc.)
✓ Kettenspannung überprüfen
✓ Sattel (Sitz) und Sattelstütze kontrollieren
✓ Federung prüfen und Wartungsintervall checken
✓ Beleuchtung und Reflektoren sicherstellen
✓ Rahmen und Gabel begutachten
✓ Akku beim Elektrorad prüfen
✓ Pannenset & Kompatibilität kontrollieren

Die Länge einer Tagesetappe hängt von vielen Faktoren ab. Insbesondere von der eigenen Kondition, der Motivation, den Wetter- und Wegebedingungen und natürlich auch von den Wegbegleitern. Greift man auf ein Elektrorad zurück ‚sind weitere Faktoren zu beachten. Es ist sowohl vor Antritt als auch während einer Fahrt schwierig, die Reichweite der Akkuladung exakt vorherzusagen. Allgemein gilt jedoch:
Bei gleichem Unterstützungslevel des E-Bike-Antriebs: Je weniger Kraft du einsetzen musst, um eine bestimmte Geschwindigkeit zu erreichen (z.B. durch optimales Benutzen der Schaltung), umso weniger Energie wird der Antrieb verbrauchen und umso größer wird die Reichweite einer Akkuladung sein. Je höher der Unterstützungslevel bei ansonsten gleichen Bedingungen gewählt wird, umso geringer ist die Reichweite.

Spezielles zum Elektrorad

- Ganz wichtig: Mach dir bewusst, dass andere Verkehrsteilnehmer womöglich nicht damit rechnen, dass ein Elektrorad schneller fahren kann als ein herkömmliches Fahrrad. Außerdem erhöht eine schnellere Geschwindigkeit das Unfallrisiko.
- Überlaste den hinteren Gepäckträger nicht. Die maximal erlaubte Zuladung des hinteren Gepäcksträgers beträgt 20 - 25 kg.
- Reinige das E-Bike niemals mit einem Hochdruckreiniger. Die elektrischen Komponenten sind feuchtigkeitsempfindlich. Unter Hochdruck auftreffendes Wasser kann in Steckverbindungen und andere Teile des Elektrosystems eindringen.
- Akku vor längerer Nichtbenutzung auf bis etwa 60% aufladen (normalerweise 3 bis 4 LEDs der Ladezustandsanzeige). Nach 6 Monaten den Ladezustand prüfen. Leuchtet nur noch eine LED der Ladezustandsanzeige, Akku wieder auf bis etwa 60% aufladen.
- Es ist nicht empfehlenswert, den Akku dauerhaft am Ladegerät angeschlossen zu lassen.
- Wird der Akku längere Zeit in leerem Zustand aufbewahrt, kann er trotz der geringen Selbstentladung beschädigt und die Speicherkapazität stark verringert werden.

Eingepackt

Was muss mit? Diese Packliste beantwortet die Frage. Individuelle Anpassungen sind erforderlich, da jede Radreise einzigartig ist. Beutel und Packsäcke sorgen für Ordnung in den Packtaschen.

NAVIGATION
Kartenmaterial, Radreiseführer
Handy (Ladekabel, Akkus)
GPS-Fahrradcomputer (Ladekabel, Akkus prüfen)

ALLGEMEINES
Ausweise, Papiere, Telefonnummern
Reisedokumente
Bargeld / EC-Karte / Kreditkarte
Stift & Notizbuch
Stirnlampe / Taschenlampe (Ladekabel, Akkus prüfen)
Wasserdichte Schutzhüllen für Handy und Wertsachen
Powerbank (mobile Stromversorgung)

FAHRRADSPEZIFISCH
Tacho/Fahrradcomputer
Getränkeflasche / Schlauch-Trinksystem
Fahrradlicht vorne & hinten
Fahrradwerkzeug für Standardreparaturen & Flickzeug
Ersatzschlauch & Reifenheber
Luftpumpe, Lappen
Schloss
E-Bike-Ladegerät nicht vergessen!

NOTIZEN

KLEIDUNG & SCHUTZ
Tages- & Wechselkleidung
Gepolsterte Radunterhose
Leichte Isolationsjacke
Regenjacke und Regenhose
Schlafzeug, Badezeug
Radtourenschuhe
Wechselschuhe oder Sandalen
Sport-, Sonnenbrille (bruchsicher)
Helm (gesetzliche Helmpflicht in Österreich für Kinder unter 12 Jahren)
Unterhelmstirnband / -mütze
Schlauchtuch / Buff
Fahrradhandschuhe

REISEAPOTHEKE
Erste-Hilfe-Set (inkl. persönliche Medikamente)
Desinfektionsmittel, Mundschutz, Seife
Pflaster / Stretchverband
Sonnen- & Insektenschutz
Augentropfen
Ohrstöpsel

HYGIENE
Kulturbeutel (gepackt)
Duschgel & Shampoo
Zahnbürste & Zahnpasta
Reisehandtuch
Taschentücher

SONSTIGES
Ersatzbrille
Fotoapparat (Speicherkarte & Akkus prüfen)
Unterhaltung: Buch, Spielkarten, Zeitschrift…
Kopfhörer
Feuerzeug & Taschenmesser (mit Schere)
Spülmittel, Schwamm und Geschirrtuch
Campingausrüstung (falls erforderlich)
Geschirr & Besteck

Schilderwald... Wegecharakter Informationen

Die Beschilderung entlang des Radweges.

Der Radweg ist durchgehend in beide Richtungen mit dem offiziellen Logo beschriftet, welches oft Teil überregionaler Radrouten ist. In Nordrhein-Westfalen sind diese rot/weiß und in Niedersachsen grün/weiß. Auf der Variante ab Dortmund dient die Beschilderung der Rad-Route Dortmund-Ems-Kanal zur Orientierung.

Die Wegequalität am EmsRadweg ist überwiegend gut. Die Strecke verläuft zum Großteil auf asphaltierten Radwegen und seltener auf gut befahrbaren unbefestigten Wegen oder ruhigen Nebenstraßen. Der ebene, flussbegleitende Radweg ist familienfreundlich. Das Verkehrsaufkommen ist gering. Entlang vom Dortmund-Ems-Kanal werden immer wieder Ufer- und Dammwege erneuert, um die weniger gut befahrbaren Abschnitte zu verbessern. In der Regel sind Umleitungen vor Ort gut markiert.

Durch den Neubau der Friesenbrücke bei Weener gibt es hier eine gut ausgeschilderte Umleitung. Diese ist auch auf der offiziellen Seite beschrieben (siehe rechts).

Informationen:
Interessengemeinschaft EmsRadweg
Schloßstr. 11
33161 Hövelhof
Telefon: 0 52 57 - 50 09 -866
Telefax: 0 52 57 - 50 09 -869

Website EmsRadweg:
www.EmsRadweg.de

Aktuelle Informationen und Umleitungen zum Radweg:
www.EmsRadweg.de/EmsRadweg/aktuelles/umleitungen.php

Wilhelmshaven
Bremerha
Eemshaven
Bucht von Watum
Emden
Jadebusen
Dollart
Oldenburg
Papenburg
Brer
Ems
Haren
Lingen
N
Dortmund-Ems-Kanal
Osnabrück
Enschede
Emsdetten
Bielefeld
Ems
Telgte
Münster
Emsquellen
Rheda
Dortmund-Ems-Kanal
Hamm
Beckumer Berge
Paderborn
Recklinghausen
Dortmund

Der EmsRadweg

Von der Senne bis zur Nordsee. Mit Dortmund-Ems-Kanal

Teil 1 Reiseführer

Heideblüte und Emsniederungen

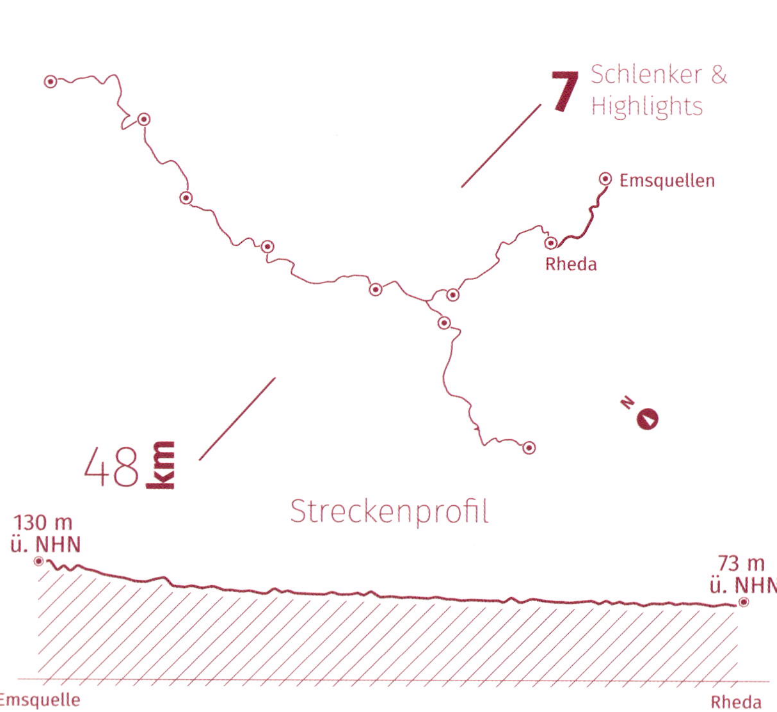

Heideblüte in der Senne

Auftakt:
Von Paderborn zu den Emsquellen

Zu den Quellen der Ems kommt man von zwei Bahnhöfen, dem Bahnhof Paderborn und dem Bahnhof Hövelhof, den man mit der Sennebahn ab Paderborn erreichen kann.

Wir entscheiden uns bewusst für die 20 km weiter südlich liegende **Dom- und Universitätsstadt Paderborn** 1 als Startpunkt für die Fahrt zu den Emsquellen, ist doch Paderborn eine liebens- und sehenswerte Stadt mit einem großen kulturellen Erbe. Die Stadt liegt auf der **Paderborner Hochfläche**, auf der das Wasser versickert, das in Paderborn die **Paderquellen** speist. Vom Stadtzentrum folgen wir dem kürzesten Fluss Deutschlands, der **Pader**, durch den Auenpark zum **Schloss Neuhaus** 2, das erste von vielen weiteren eindrucksvollen Wasserschlössern im Stil der Weserrenaissance. Wer am Wochenende dort vorbeikommt, sollte sich vorab das Programm des „Schlosssommers“ im Park anschauen.

Im Quellgebiet der Pader in Paderborn

Highlight am Wegesrand 1

Paderborn

Kaiserpfalz und Computermuseum

Paderborn ist zwar eine 1200 Jahre alte Dom- und Universitätsstadt, aber dennoch jung geblieben! Ihren mehr als 200 historischen Gebäuden verdankt die Stadt ihr unverwechselbares Flair – aber durch die vielen Studenten, Mitarbeiter der Hightech-Firmen und der Besucher geht es in den malerischen Gassen trotzdem sehr lebendig zu.

Der Innenstadtring spiegelt den Verlauf der mittelalterlichen Stadtmauern wider, von denen nur wenig erhalten blieb. Zum Pflichtprogramm eines Stadtrundgangs zählen der romanisch-gotische **Dom** (11.–16. Jh.), eine schöne dreischiffige Hallenkirche.

Auf den Spuren Karls des Großen: die Kaiserpfalz

Eine Sensation für Historiker und Archäologen war 1964 die Entdeckung der Grundmauern der **Pfalzanlage Karls des Großen** (spätes 8. Jh.). Hier hielt dieser ab 777 jährlich die fränkischen Reichsversammlungen auf sächsischem Boden ab – neun Besuche sind belegt. Bei Grabungen stieß man auf das Mauerwerk der besser erhaltenen Pfalz Heinrichs II. Die Anfang des 11. Jh. vollendete Anlage war so gut erhalten, dass sich ein Wiederaufbau unter Einbeziehung der historischen Bausubstanz anbot. Die ottonisch-salische Pfalz wurde wiederaufgebaut, die Kaiserpfalz beherbergt heute das **Museum in der Kaiserpfalz**. Zu sehen sind u. a. Reste von Wandmalereien, kunstvolle Kapitelle und Glas- und Keramikfragmente aus der Pfalz. Eindrucksvoll sind auch die Aula (Versammlungssaal) der Pfalz, die **Bartholomäuskapelle** (1017) mit ihrer herausragenden Akustik sowie der faszinierende Quellkeller unter der Pfalz.

Das dreigieblige weiße **Rathaus** ist ein herausragendes Beispiel der Weserrenaissance, gleiches gilt für das **Heisingsche Haus** am Marienplatz. Romantisch ist die Gasse „Auf den Dielen“ mit einigen restaurierten Fachwerkhäusern; als schönstes der Stadt gilt das dreigeschossige **Adam-und-Eva-Haus** aus dem 16. Jh. Im Haus zeigt das Museum für Stadtgeschichte u. a. Möbel und Gebrauchsgegenstände, die die Geschichte Paderborns von der ersten Besiedlung bis zum Wiederaufbau nach dem Zweiten Weltkrieg illustrieren.

Hansestadt Paderborn

Paderborn gehört einst – wie auch Telgte und Wa-

Kaiserpfalz und Bartholomäuskapelle

rendorf – zum mittelalterlichen Kaufmanns- und Städtebund der Hanse. Allerdings waren sie nur so genannte „Beistädte", die zwar die Handelsprivilegien genossen, auf den jährlichen Hansetagen aber kein Mitspracherecht besaßen.
www.paderborn.de

Ars sacrale – Museum für sakrale Kunst im Haus Cassau
Der Künstler und Sammler Bernd Cassau ist Inhaber der Werkstätten für Gold- und Silberschmiedekunst, die seit über 100 Jahren kirchliche Geräte in reiner Handarbeit fertigen. Er zeigt Exponate seiner Privatsammlung sowie eigene künstlerische Arbeiten.
Grube 7
www.cassau.de

Heinz Nixdorf MuseumsForum (HNF)
Das „größte Computermuseum der Welt" bietet eine Zeitreise von den Anfängen der Zahlen und Schriften (3000 v. Chr. in Mesopotamien) bis zu den Superrechnern der Moderne – 5000 Jahre Geschichte der Informations- und Kommunikationstechnik. Faszinierend sind die **Erlebniswelten** zu Themen wie Robotik, Künstliche Intelligenz und Mobile Kommunikation. Für Technikfans gibt es im Showroom brandneue Innovationen zum Anfassen und Ausprobieren.
Fürstenallee 7
www.hnf.de

Highlight am Wegesrand 2

Schloss Neuhaus

Von Gräften umgeben

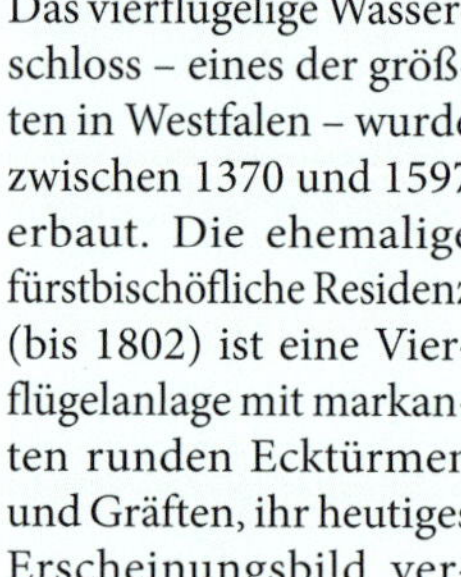

Das vierflügelige Wasserschloss – eines der größten in Westfalen – wurde zwischen 1370 und 1597 erbaut. Die ehemalige fürstbischöfliche Residenz (bis 1802) ist eine Vierflügelanlage mit markanten runden Ecktürmen und Gräften, ihr heutiges Erscheinungsbild verdankt sie der Bautätigkeit im 16. Jh.

Neuhaus zählt damit zu einem der ersten Wasserschlösser, die im Stil der Weserrenaissance errichtet wurden. Im historischen Refektorium befindet sich die ständige Ausstellung zur Baugeschichte des Schlosses. Im Südflügel des barocken **Marstalls** hat das **Historische Museum** seine Räumlichkeiten, es widmet sich u.a. der Geschichte der fürstbischöflichen Residenz sowie der Wirtschafts- und Sozialgeschichte der Stadt. Außerdem findet man im Marstall das **Naturkundemuseum** und die **Glas- und Keramiksammlung Nachtmann.**

Wasserschloss Neuhaus

Herrlicher Park

Das Schloss bildet mit dem prunkvoll restaurierten Barockgarten das Herz des **Schloss- und Auenparks.** Der nach historischen Vorbildern restaurierte Schlosspark wird von den Pader-, Lippe- und Almeauen eingerahmt und bietet die malerische Kulisse für ein abwechslungsreiches Kunst- und Veranstaltungsprogramm im „Schlosssommer".
www.schlosspark-paderborn.de

Nach dem Schlossbesuch folgen wir dem **Senneradweg** solange, bis dieser in **Hövelhof** auf den EmsRadweg trifft. Hier hält man sich rechts und erreicht schon bald das **Infozentrum Ems-Quellen**, der offizielle Startpunkt des EmsRadwegs.

Wissenswertes über die Ems

Das **Infozentrum EmsQuellen** ❸ (siehe Roadbook) gibt einen Überblick über die abwechslungsreichen Landschaften zwischen Senne und Nordsee. Radfahrer erhalten hier viele nützliche Infos zum touristischen Angebot entlang des Radwegs und bekommen schon einmal die Höhepunkte entlang der Ems präsentiert. Auch die Quellregion der Ems wird anschaulich beschrieben. Ein weiterer Themenschwerpunkt ist die Landschaft **Senne**. Wie beschwerlich das Leben der Sennebewohner um 1900 war, zeigt eine für die damalige Zeit typische Kotte (einfache Hütte).

Nach dem Ausstellungsbesuch geht es nach Überqueren der jungen Ems flussaufwärts an den Senner Pferdekoppeln entlang zu den **Emsquellen** im **Naturschutzgebiet Moosheide**. Bei diesen handelt es sich um Sickerquellen, die ganzjährig und kontinuierlich schütten; der Quellbereich ist 500 m lang. Die hier grasenden Senner Pferde werden heute wieder als Landschaftspfleger eingesetzt: Durch Fraß und Vertritt verhindern sie die Verbuschung der Heideflächen.

Vor der Fahrt emsabwärts empfiehlt sich zunächst der 2 km lange Abstecher nach Norden zur **EMS-Erlebniswelt** ❹ (siehe Roadbook) in Stuckenbrock-Senne. Diese hat sich dem Motto „Ausprobieren, Erleben, die Ems aktiv begreifen – von der Quelle bis zur Mündung!" verschrieben. Hier kann man den Lauf der Ems en miniature erleben, indem man den Indoor-Erlebnisparcours abläuft und den Erlebnisgarten besucht. Wie wäre es, einmal die Ems zu überfliegen, ein paar „Emser Originale" kennen zu lernen oder an einer Rallye teilzunehmen?

Sennestadt Hövelhof

Zurück am **Infozentrum EmsQuellen** starten wir nun endgültig unsere Fahrt entlang der Ems Richtung Nordsee. Auf dem Weg nach Hövelhof lohnt sich der kurze Abstecher zur **Heidschnucken-Schäferei Senne**, die eine Herde von rund 1000 Tieren der Grauen Gehörnten Heidschnucke betreut. Die Tiere werden als Landschaftspfleger eingesetzt: Durch das Weiden verhindern sie das Aufkommen von Bäumen und Büschen und die Überalterung des Heidekrauts.

Anschließend queren wir die **Sennestadt Hövelhof** von Ost nach West. Im Ort begeistert das **Jagdschloss,** ein hübscher Fachwerkbau, den sich 1661 der Paderborner Fürstbischof neben dem (inzwischen abgebrannten) Hövelhof errichten ließ. Das Jagdschloss ist heute das Wahrzeichen der Gemeinde. Auch das **Heimatzentrum Ostwestfalen-Lippe** lohnt einen Besuch. Hier finden sich verschieden eingerichtete Gebäude, wie sie einst in der Senne zu finden waren: ein 120 Jahre altes Bauernhaus

Senne Armenhaus Westfalens

Die Senne wurde auch das „Armenhaus Westfalens“ genannt: Auf den Sandböden war die Landwirtschaft sehr mühsam, erst im 12. Jh. wurden erste Höfe angelegt. Lange diente die Senne ausschließlich als Weide für Schafe, Rinder und Sennepferde, die hier in freier Wildbahn lebten. Später lichteten die Sennebauern die schlechtwüchsigen Wälder und schufen die typische Heidelandschaft.

Die Senne im Quellgebiet der Ems ist die größte zusammenhängende Heidelandschaft Nordrhein-Westfalens und glazialen Ursprungs: Damals flossen die Schmelzwasser des in der Westfälischen Bucht liegenden Emslandgletschers ins Gebiet der heutigen Senne ab. Die Sedimente – vor allem Sand – wurden im Gebiet der heutigen Senne abgelagert, teilweise bis zu 60 m hoch. Bei den Sanden handelt es sich vor allem um vom Gletscher zerriebenes Gestein aus dem Teutoburger Wald. Auf dem 250 km² großen Heidegebiet findet man ein Mosaik aus Heidelandschaft, Eichen- und Buchenwäldern. Eine landschaftliche Besonderheit sind die Binnendünen in der Oberen Senne, z.B. im Naturschutzgebiet Furlbachtal südwestlich von Augustdorf.

Emsquellen im Naturschutzgebiet Moosheide

Die Ems entspringt im Naturschutzgebiet „Moosheide". Etwa 500 m lang ist der durch Holzbohlenwege erschlossene Quellbereich, in dem Wasser an vielen Stellen aus dem Sennesand sickert. Obwohl die Sickerquellen in kalkarmen Sanden zu Tage treten, führen sie auch kalkhaltiges Grundwasser mit sich, das von den Karstgebieten der Paderborner Hochfläche herabfließt. Dank des ständigen Zustroms von Grundwasser sind die Temperaturschwankungen im Jahreslauf nur gering, selbst in strengen Wintern frieren die Quellbäche nicht zu.

Im Naturschutzgebiet findet man Binnendünen, Sandtrockenfluren, die im August blühende Heide, lichte Kiefernwälder, aber auch Trockentäler sowie gewässerführende Schluchttäler mit Quellen, Quellbächen und Feuchtwiesen. Die Sanddünen zählen zu den ältesten in Nordwestdeutschland. Alte Wacholderpflanzen erinnern an die Heidevegetation, die hier vor der Aufforstung zu finden war. Mit offenen Augen lassen sich Eisvogel, Heidelerche, Dorngrasmücke, Uferschwalbe sowie Kreuzkröte und Zauneidechse beobachten.

Senner Wildpferde an den Emsquellen

mit Backhaus, Scheune und Remise, Sennekotten und das Haus des historischen Handwerks, in dem traditionelle Handwerke vorgestellt werden, darunter Seilerei, Korbflechterei, Besenbinderei, Weberei und die Flachsverarbeitung (*Staumühler Str. 70, www.heimatzentrum-senne.de*)

Durch Wald und über die Felder fahren wir nördlich der noch immer schmalen Ems. Durch das fehlende Gefälle schlängelt sie sich in vielen Windungen durch das Paderborner Land. Nach zweimaliger Emsüberquerung erreichen wir das **Naturschutzgebiet Steinhorster Becken**

Highlight am Wegesrand 5

Steinhorster Becken

Rastplatz für Fernreisende

1991 wurde in Delbrück-Steinhorst das größte künstliche Biotop Nordrhein-Westfalens geschaffen. Dabei handelt es sich um ein Wasserauffangbecken, das zum Schutz der Städte Rietberg und Rheda-Wiedenbrück vor Ems-Hochwasser gebaut und eingedeicht wurde. Heute ist es ein bedeutender Rastplatz für Zugvögel in Ostwestfalen.

Im Winter lassen sich an den Wasserflächen Schwimm- und Tauchenten, arktische Gänse, Graureiher, Kormorane und Gänsesäger beobachten, im Herbst erlebt man den eindrucksvollen Zug der Kraniche auf ihrem Rückweg aus dem Winterquartier. Auch Fischadler, Schwarzstörche und Wanderfalke legen während des Vogelzugs hier eine Rast ein. Zu den Brutvögeln zählen Lachmöwen und Haubentaucher. Um das Steinhorster Becken führt ein Deichwanderweg, was ein bisschen an die Nordsee erinnert.

5, das sich besonders gut vom Ausguck auf dem nördlichen Deich überschauen lässt. Die Wasserflächen sind ein wichtiger Rastplatz für Tausende Zugvögel. Eine weitere Beobachtungsstation befindet sich im Süden des Naturschutzgebiets, wo der Radweg ans linke Ufer der Ems wechselt. Durch die Emswiesen geht es vorbei am vielbesuchten **Tierpark Nadermann.** Dieser liegt unweit des Delbrücker Ortsteils Schöning direkt an der Ems am Südrand des **Naturschutzgebietes Rietberger Emsniederung**, das sich nördlich des Flusses erstreckt.

Auf den nächsten 4,5 km führt der Radweg nah am Fluss entlang – immer wieder gibt es schöne Fotospots über den Fluss in die Rietberger Emsniederung. Im Südosten von Rietberg liegen die **Rietberger Fischteiche**, an deren Westseite entlang wir der Ems in die historische Altstadt von **Rietberg** 6 folgen. Ein Bummel durch die von schönen Gebäuden aus dem 16. und 17. Jh. gesäumten Gassen der

Bibeldorf Rietberg

Ein erlebnisorientierter Lernort zur Welt und Umwelt der Bibel – ein Dorf wie zu biblischen Zeiten, ein römisches Stadttor, Wohnhäuser, ein Nomadenlager mit Zelten u.v.m. All das gibt Einblicke in das biblische Alltagsleben und die Handwerksberufe in Galiläa. Mit der Rekonstruktion soll das Interesse für die Auseinandersetzung mit der Bibel geweckt werden.
www. bibeldorf.de

Altes Rathaus in Rietberg

Highlight am Wegesrand  6

Rietberg

Stadt der schönen Giebel

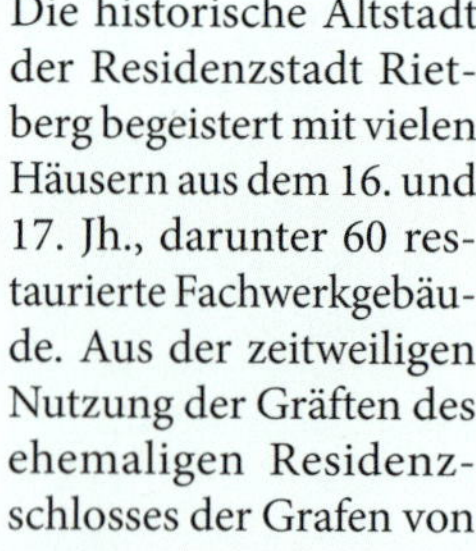

Die historische Altstadt der Residenzstadt Rietberg begeistert mit vielen Häusern aus dem 16. und 17. Jh., darunter 60 restaurierte Fachwerkgebäude. Aus der zeitweiligen Nutzung der Gräften des ehemaligen Residenzschlosses der Grafen von Rietberg zum Zweck der Fischzucht ging das heutige **Naturschutzgebiet Rietberger Fischteiche** östlich der Stadt hervor.

Östlich der Kernstadt erstreckt sich auch die 40 ha große Parklandschaft des „Gartenschauparks" bis in das **Naturschutzgebiet Rietberger Emsniederung** hinein. Sehenswert sind auch Themengärten wie der Klostergarten Rietberg und die großen Staudengalerien. Es gibt einige Seen und einen Hochseilklettergarten.

Altstadt ist sehr zu empfehlen. Am Fluss entlang verlassen wir die Kernstadt und fahren am interessanten **Bibeldorf Rietberg** vorbei, das einen Einblick in die Welt um Christi Geburt bietet. Weiter am linken Emsufer entlang passieren wir den als Naturschutzgebiet ausgewiesenen **Emssee**, ein Vogeldurchzugs- und -brutgebiet. Das beim Sandaushub für den Bau der Umgehungsstraße entstandene Gebiet darf nicht betreten werden, einen Überblick bietet die Aussichtskanzel am Westende des Sees. An der Emsbrücke Zur Flammenmühle wechselt der Radweg ans rechte Ufer.

Kurz darauf ist die historische Altstadt von **Wiedenbrück** erreicht. Hier finden sich in der Langen Straße gut erhaltene Fachwerkhäuser aus dem frühen 17. Jh. Ein bekanntes Fotomotiv sind die drei Mühlräder, die nach historischem Vorbild rekonstruiert wurden. Sie erinnern am Mühlenwall/Ecke Rektoratsstraße an die Getreidemühle, die hier von 1250 bis 1969 stand. Die Kombination von drei Mühlrädern war und ist sehr selten. Das Romantik-Hotel „Ratskeller" lohnt ebenfalls einen Blick: Der prächtig renovierte Fachwerkbau besitzt reiche Schnitzereien und tiefsinnige Bildinschriften.

Von der Wiedenbrücker Altstadt ist es nicht weit zum eindrucksvollen (privat genutzten) **Wasserschloss Rheda** 7 auf einem künstlich aufgeschütteten Hügel (Motte).

Die **Doppelstadt Rheda-Wiedenbrück** erstreckt sich beiderseits der oberen Ems: Beide Städte trennt die A2, das verbindende Glied ist die **Flora Westfalica**, das Landesgartenschaugelände von 1988, das sich über 2,5 km entlang der Ems vom Emssee in Wiedenbrück bis zum Schlossgelände und dem Rosengarten in Rheda erstreckt. Wenige Radminuten südwestlich des Schlosses liegt auch der **Bahnhof**.

Die Ems in Wiedenbrück

Highlight am Wegesrand 7

Wasserschloss Rheda

Fachwerkromantik im Schlosspark

Die erstmals 1170 erwähnte Burg lässt mehrere Baustile erkennen: Der Kapellenturm stammt aus dem 13. Jh., er zählt mit der Schlosskapelle zu den herausragenden Bauwerken der Stauferzeit in Deutschland. Der Wohnflügel mit Galerie wurde im Stil der Weserrenaissance errichtet, ein Haupttrakt in westfälischem Barock gestaltet. Beide Trakte sind durch mittelalterliche Wehrtürme verbunden. Zu den Hauptsehenswürdigkeiten innen zählen der „Weiße Saal" im Rokokostil und das Tapetenzimmer, wo eine einzigartige Abfolge von Bildtapeten des Biedermeier immer noch an ihren ursprünglichen Plätzen zu bewundern sind. Verschiedene historische Kutschen zeigt das Kutschenmuseum des Schlosses.

Schloss Rheda auf seiner Motte: Links der Bibliotheksturm, an den sich der Barocktrakt anschließt, rechts der Renaissancetrakt mit dem Tor-/Kapellenturm

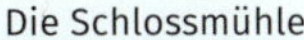

Die Schlossmühle

1623 legte man außerhalb der Burginsel einen geometrischen Garten an. Er wurde für die Landesgartenschau anhand von Plänen aus dem 19. Jh. rekonstruiert. Der Garten wird von der Ems, den Schlosswiesen und dem Park Flora Westfalica eingerahmt.

Das imposante Wasserschloss wird noch heute von der Fürstenfamilie Bentheim-Tecklenburg bewohnt. Im Rahmen einer Schlossführung (Juni–Okt. öffentliche Führungen) werden die romanische Doppelkapelle, die Privaträume im Barocktrakt sowie das Spielzeug- und Kutschenmuseum besichtigt. Die Außenanlagen sind immer zugänglich.
www.schloss-rheda.de

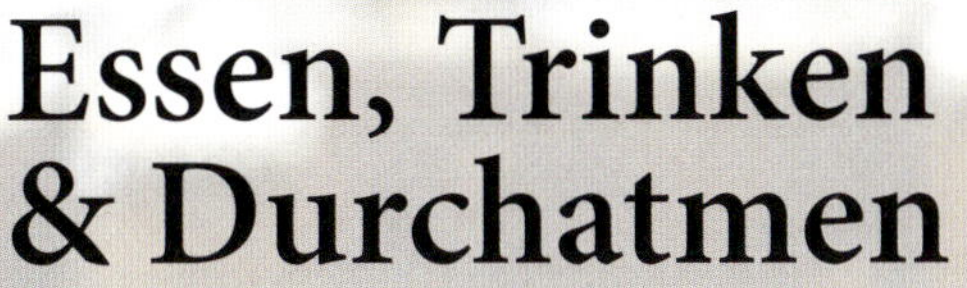

Essen, Trinken & Durchatmen

Ein kulinarischer Abzweig

Der große, im Grünen liegende Biergarten der **Taverna Zorbas** (ehemalige Mühlenschänke) liegt an gleich fünf Radwegen, darunter auch Senne-Radweg und EmsRadweg. Hier werden nach alten Familienrezepten griechische Klassiker gekocht.

Biergarten Taverna Zorbas
Sennestraße 139
33161 Hövelhof
Tel. +49 5257 928 91 50
www.taverna-zorbas-hoevelhof.de

Das **Restaurant CLAPPERTONs speisekammer** in der Langen Straße in Wiedenbrück bietet eine saisonal wechselnde Speisekarte, deren Bandbreite von deftiger Hausmannskost bis zu leichten Gerichten mit internationalen Anklängen reicht.

Restaurant
CLAPPERTONs speisekammer
33378 Rheda-Wiedenbrück
Tel. +49 05242 976 08 88
www.clappertonsspeisekammer.de

Münsterländer Parklandschaft

Die Emsauen südwestlich von Greffen

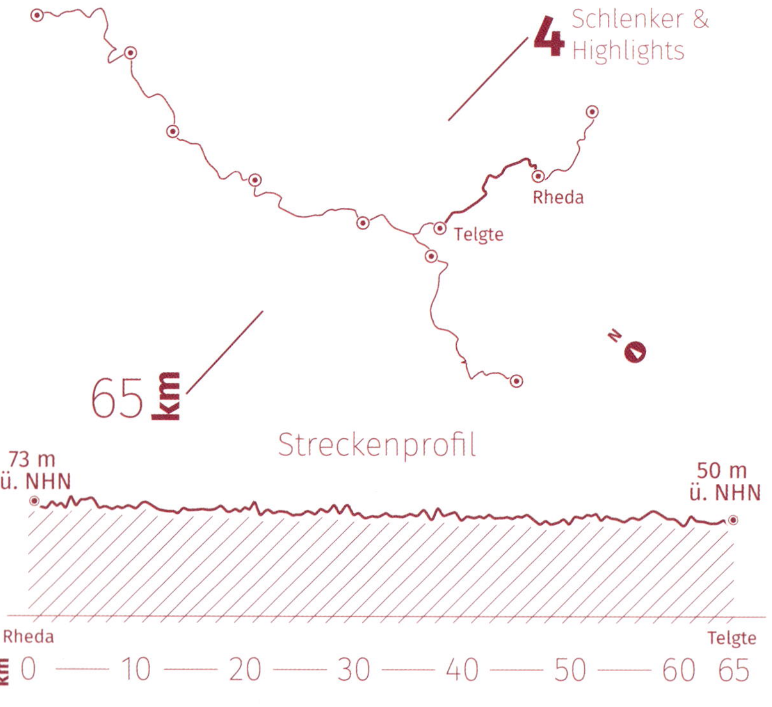

Von Kloster zu Kloster

Von Schloss Rheda in Rheda-Wiedenbrück folgt man bis zur Bahntrasse noch der Ems und schwenkt dann weg vom Fluss, um über Felder und am Bänischsee vorbei autofrei durch den Rhedaer Forst westlich an Gütersloh vorbeizufahren. Nach dem Queren der Ems und einem markanten Rechtsbogen besteht die Möglichkeit, Richtung Westen einen Schlenker in den Doppelort **Herzebrock-Clarholz** 8 zu machen. Besonders stimmungsvoll ist der **Kirchhof Herzebrock** mit seiner geschlossenen Bebauung mit Fachwerkhäusern aus dem 17. bis 19. Jh. Hier befand sich früher der Friedhof. Auch im Nachbarort Clarholz gibt es einen solchen Kirchhof. Dort lädt das Gasthaus Rugge, ein Fachwerkhaus von 1667, zur Einkehr ein.

Der offizielle EmsRadweg führt nach Norden durch ein Mosaik aus Wäldern, Feldern und kleinen Siedlungen der **Pixelheide** zunächst westlich der Ems bis zum ehemalige Kloster Marienfeld. Das 1185 gegründete **Zisterzienserkloster Marienfeld** 9 war eines der bedeutendsten Klöster Westfalens.

Nach Verlassen des Klosterareals erreichen wir schon bald das **Naturschutzgebiet Boomberge:** Hier im flachen Münsterland hat die folgende Zahl schon eine Bedeutung: Bis zu 80 m hoch sind die Boomberge (Baumberge), ein aufgeforstetes Binnendünengebiet mit einer ganz eigenen Flora und Fauna. Scheint die Sonne, sieht man vielleicht sogar den Kupferbraunen Sandlaufkäfer, einen Dünenläufer mit variabler Körperfarbe.

Von den Boombergen rollen wir hinab nach **Harsewinkel**. Harsewinkel und seine Ortsteile Marienfeld und Greffen liegen schon eingebettet in die weite Parklandschaft der münsterländischen

Lohnenswerter Schlenker **8**

Klosterreich
Herzebrock-Clarholz

Strecke vom Radweg nach Herzebrock: 4 km

Herzebrock

Der Mittelpunkt des Ortes, das **Kloster Herzebrock**, wurde 860 zunächst als Kanonissenstift für Töchter des niederen Adels gegründet, 1206 dann in ein Benediktinerinnenkloster umgewandelt, in dem Ordensschwestern bis 1803 lebten. Neben der **Pfarrkirche St. Christina** (ehemalige Abteikirche, Ende des 15. Jh. im Stil der Spätgotik errichtet) lohnt sich der Besuch eines kleinen Museums zur Dorf- und Klostergeschichte im Nordflügel des Klosters (nur Sonntagnachmittag geöffnet). Der rekonstruierte **Klostergarten**, der Pfarrgarten und die zum Kloster gehörenden Fischteiche laden zu einem Spaziergang ein. Die Anlage wurde in den letzten Jahren saniert und bietet heute einen freien Blick auf die historischen Gebäude und die Fischteiche. Der **Rosengarten** im Zentrum der

4 ha großen Grünanlage ist im Sommer naturgemäß der Hingucker.

Clarholz

In Clarholz lohnt das **Prämonstratenserkloster Clarholz** mit einem sehenswerten Propsteigebäude den Besuch. Rund 5 ha groß ist die **Klostergartenanlage**, die fast durchgehend von einer Gräfte (Wassergraben) eingefasst wird. Dienten die Gartenanlagen ursprünglich vorwiegend als Nutzgärten zur Selbstversorgung des Klosters, erfuhren Teile der Klostergärten im 17. und 18. Jh. eine repräsentative Umgestaltung und wurden zu Lustgärten umgestaltet.

Einen lesenswerten Flyer zu den Gärten erhält man vor Ort *(online: www.lwl.org/dlbw/service/publikationen/gartenbuecher).*

Zisterzienserkloster Marienfeld

Die 800 Jahre alte spätromanische Abteikirche hat mit ihrer Architektur den Kirchenbau des frühen 13. Jh. in Westfalen wesentlich beeinflusst. Eindrucksvoll ist der Kontrast zwischen der spätromanischen Schlichtheit des Gebäudes und der reich verzierten Innenausstattung, die stilistisch aus der Hochgotik und dem Barock stammt. Der ganz im Stil der Gotik gehaltene Kreuzgang mit nach Süden ausgerichteten Fenstern strahlt eine ganz eigene Atmosphäre aus. Rund um den eindrucksvollen Klosterhof finden sich das barocke Abteigebäude, die ehemalige Residenz des Abtes, und Wirtschaftsgebäude. Wer sich für die Klostergeschichte interessiert, kann dem 1.200 m langen Zisterzienserpfad rund um das Klostergelände folgen, auf 13 Stelen wird die 618 Jahre alte Klostergeschichte anschaulich erklärt. Für Hobbygärtner empfiehlt sich die Gartenführung durch den spätmittelalterlichen Klostergarten, hier findet man Beeren-, Kräuter-, Obst- und Gemüsegärten, die früher der Selbstversorgung der Ordensbrüder diente. Zum Nachlesen liegen Flyer auf.

Bucht. In Harsewinkel lohnt sich der Besuch des **Spökenkieker-Denkmals**. In Harsewinkel hat der Landmaschinenhersteller Claas seinen Sitz, die Stadt darf sich seit wenigen Jahren ganz offiziell die „Stadt der Mähdrescher" nennen.

Auf dem Weg nach **Greffen**, dem kleinsten Ortsteil von Harsewinkel, führt der Weg am privaten **Motorrad- und Puppenmuseum** vorbei (So 11–17 Uhr, *www.harsewinkel.de*).

Bei der anschließenden Querung der Ems liegen links der Brücke die renaturierten Emsauen. Nach nur wenigen Kilometern wird erneut die Ems gequert, auf der linken Uferseite geht es weiter durch die **Münsterländer Parklandschaft.** Allgegenwärtig sind hier die weidenden Pferde. Besonders in der Pferdehauptstadt Warendorf, die wir am rechten Flussufer entlangfahrend schon bald erreichen, spielen die Vierbeiner eine große Rolle. Wer bei passenden Temperaturen unterwegs ist, kann vor dem Altstadtbummel noch in den **Emssee** springen.

Wissenswertes im Gepäck

Münsterländer Parklandschaft

Die Westfälische (Münsterländische) Bucht bildet den südlichsten Teil der Norddeutschen Tiefebene; südöstlich der Soester Börde steigt die flache Landschaft allmählich zur Paderborner Hochfläche an. Nach Nordosten wird die Westfälische Bucht vom Teutoburger Wald, der Senne und dem Eggegebirge begrenzt. Durch die flache Beckenlandschaft fließen Lippe und Ems und deren Nebenflüsse.

Größere Waldgebiete fehlen, über Jahrhunderte hat der Mensch hier intensiv Landwirtschaft betrieben – die Lößböden zählen zu den ertragreichsten Deutschlands. Mit einem kleinteiligen Mosaik aus Hecken, Wiesen, Flussauen und kleinen Wäldchen, Weiden und Äckern wurde hier eine einzigartige Kulturlandschaft geformt: die Münsterländer Parklandschaft.

Ursprünglich bezeichnete der Begriff „Münsterland" (Klosterland) das Gebiet des größten geistlichen Fürstentums in Deutschland. Residenz, Mittelpunkt und Namensgeberin dieses Staats, der bei der Auflösung 1803 310.000 Untertanen auf 194 Quadratmeilen zählte, war die Stadt Münster (lateinisch monasterium: Kloster).

Reich an Schlössern

Die prunkvollen Repräsentationsbauten, die die Fürstbischöfe oftmals als Wasserschlösser erbauen ließen, sind heute touristische Sehenswürdigkeiten ersten Ranges. In der Hierarchie unterhalb der Landesfürsten standen „Herren", die sich ebenfalls ansehnliche Burgen und Schlösser („Herrenhäuser") schufen. Auf diese Weise entstand im Lauf der Jahrhunderte die einzigartige Schlösser- und Parklandschaft des Münsterlandes, in dem Kapellen, Bildstöcke, Wegekreuze usw. von lebendiger Volksfrömmigkeit künden.

Im Münsterland, wo al-

les noch in westfälischer Ruhe vonstattengeht, ist der Drahtesel das angemessene Fortbewegungsmittel, um die einzigartige Parklandschaft zu „erfahren". Ein Netz an Radwegen führt zu den imposanten Wasserschlössern, die hier ganz bescheiden „Haus" genannt werden. Sie spiegeln in ihrer Architektur nicht nur verschiedene Zeit- und Stilepochen wider, sondern auch sich ständig ändernde Moden.

Ehemalige Hansestadt Warendorf
Dann erreichen wir die historische Altstadt von **Warendorf** 10. Die Stadt ist aber auch als Pferdehauptstadt des Münsterlandes bekannt.
Der EmsRadweg verlässt die Altstadt auf dem Uferweg links des Flusses und führt zum **Kottrupsee**, eigentlich eine Ansammlung von mehreren Baggerseen. Die Seen in Neuwarendorf sind das Surf-, Segel- und SUP-Revier der Warendorfer und die archäologische Fundstätte eines Sachsendorfs aus dem 8. Jh. Am See findet sich in der südöstlichen Ecke eine schön gestaltete Aussichtsplattform und das sogenannte **„Zeitregal"**: Hier kann man diverse Torbögen durchschreiten, die für Zeitfenster stehen. Der historische Hintergrund für den Standort: Zwi-

10 *Highlight* am Wegesrand

Ehemalige Hansestadt **Warendorf**

Das Zentrum des malerischen Altstadtkerns ist die gotische Pfarrkirche **St. Laurentius**. In den umliegenden Straßen finden sich hübsche Häuser aus dem 16. bis 19. Jh. Neben der neoromanischen Marienkirche steht der gotische Kirchturm der alten Marienkirche aus der Zeit um 1200. Bei einem Bummel durch die ehemalige Hansestadt ist der Glanz vergangener Jahrhunderte allgegenwärtig: Prächtige Patrizierhäuser stehen am Marktplatz, dem Schweinemarkt und dem Heumarkt, in den verwinkelten Gässchen finden sich sehenswerte Fachwerkhäuser. Vier Stadttore blieben erhalten. Das architektonische Erbe ist riesig: In der Altstadt finden sich hunderte denkmalgeschützte Objekte.

Wer sich für die Stadtgeschichte interessiert, findet Informationen in dem dezentral organisierten **Stadtmuseum**: Neben dem Historischen Rathaus vermitteln das Gadem (Arme-Leute-Haus; Zuckertimpen 4), das Bürgerhaus des Klassizismus (Wohnhaus einer Kaufmanns- und Textilfabrikantenfamilie, Klosterstraße 7), die Fabrikantenvilla Haus Bispinck (Münsterstraße) sowie das Torschreiberhaus (Osttor) ein authentisches Bild vom Wohnen und Arbeiten verschiedener Bevölkerungsschichten in der Stadt.

Am Altstadtrand steht das Franziskanerkloster mit dem **Westpreußischen Landesmuseum**.
www.warendorf.de

Historische Emsmühle in Warendorf

Wissenswertes im Gepäck

Stadt des Pferdes

Viele Züchter haben sich im Kreis Warendorf niedergelassen, auf ihre Pferde trifft man rund um Warendorf: Rund 5000 „Westfalen" sowie andere Rassen weiden auf den grünen Wiesen.

Bundesweit ist Warendorf als Mekka des Pferdesports bekannt, wozu nicht nur das Landgestüt, sondern auch der Sitz der Deutschen Reiterlichen Vereinigung beiträgt. Bei Großveranstaltungen strömen Pferdeliebhaber aus aller Welt nach Warendorf. Die „Stadt der Pferde" ist überregional bekannt durch die jährlichen Hengstparaden des Nordrhein-Westfälischen Landgestüts, das in Warendorf seinen Sitz hat.

Warendorfer Reitroute
Wer den Drahtesel gegen ein echtes Pferd tauschen will, kann die Landschaft rund um Warendorf auf einem Abschnitt der Warendorfer Reitroute erkunden. Diese ist insgesamt 190 km lang – es gibt einen großen Kurs mit 130 km sowie fünf kleine Rundkurse, Wanderreiter finden Reitstationen mit guten Unterkünften und Versorgungsmöglichkeiten für ihre Pferde. Die Reitroute ist wiederum Teil der 1000 km langen Münsterländer Reitroute. *www.warendorf.de/stadt-des-pferdes/warendorfer-reitroute.html*

Die Wallfahrtskapelle

schen EmsRadweg und Fluss lag nicht nur eine Neandertaler-Fundstätte, es gab dort auch einen Wald- und eine mittelalterliche Siedlung. Das Zeitregal gibt Aufschluss darüber.

Der Radweg umfährt die Baggerseen links (Neuwarendorf), überquert zwischen den Warendorfer Stadtteilen Müssingen und Einen erneut die Ems und führt zuletzt autofrei an der Ems entlang nach **Telgte** 11 (siehe Roadbook). Die Altstadt gehört zu den schönsten in Westfalen: Gässchen, malerische Plätze und fotogene Nischen in der Altstadt spiegeln auch heute noch die mittelalterlichen Strukturen der Stadt wider. Rund 100.000 Wallfahrer pilgern jährlich zu der um 1650 erbauten achteckigen Wallfahrtskapelle mit der 600 Jahre alten Pietá. In der Nachbarschaft zur Kapelle befindet sich das **RELIGIO**, das **Westfälische Museum für religiöse Kultur.** Überregional bekannt sind vor allem die alljährlich wechselnde Krippenausstellung zur Winterzeit und das Telgter Hungertuch.

Das **Kornbrennereimuseum** ist ein technisches Baudenkmal, das einen Einblick in die Geschichte der münsterländischen Kornbrennerei erlaubt. Im 1900 erbauten Gebäude wurde noch bis 1979 produziert. Die Technik ist fast vollständig erhalten. Eine Galerie zeigt zeitgenössische Kunst.

Emswehr in Telgte

Kottrups Mühle in Warendorf

Essen, Trinken & Durchatmen

Ein kulinarischer Abzweig

Die **Trattoria Da Vinci** in der ehemaligen Kottrups Mühle verwöhnt ihre Gäste mit traditioneller italienischer Küche. Das Mühlengebäude zählt zu den Wahrzeichen der Stadt, man findet sie direkt am Ufer der Ems. Die große Sommerterrasse mit Palmen, Zitronen- und Olivenbäumen lässt italienische Urlaubsgefühle aufkommen.

Trattoria Da Vinci
Mühlenstraße 2
48231 Warendorf
Tel. +49 2581 78 27 85
https://trattoria-da-vinci.jimdosite.com/

Das **Bistro-Café Tante Lina** findet man in der Altstadt von Telgte unweit der Wallfahrtskapelle. Neben Bistrogerichten (u. a. eine große Auswahl an Kartoffelgerichten, Flammkuchen und herzhaften Pfannkuchen) gibt es eine Karte mit saisonalem Gemüse. Für den Nachmittag warten zum Kaffee leckere Kuchen und Torten.

Bistro-Café „Tante Lina"
Kapellenstraße 10
48291 Telgte
Tel. +49 2504 88 09 43
www.tante-lina-telgte.de

Durchs nördliche Münsterland

An der Ems unweit von Telgte

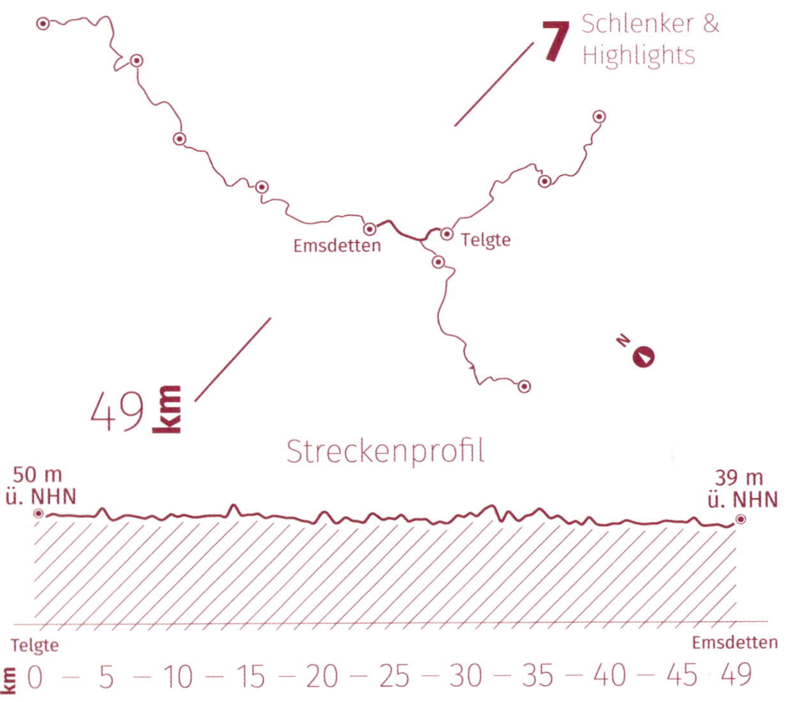

Viele Wege führen nach Münster
Münster, das unbestrittene Zentrum des Münsterlandes, sollte man auf der Fahrt entlang der Ems auf keinen Fall verpassen. Eine erste Möglichkeit, die Stadt zu besuchen, ist der Abstecher von Telgte auf dem Europaradweg R 1. Autofreier lässt sich die Stadt jedoch von Gelmer aus besuchen, denn dann führt der Radweg autofrei entlang des Dortmund-Ems-Kanals (siehe Kapitel 8) nach Münster.

Von der Ems-Stegbrücke in **Telgte** an der Schleifstiege hinter der Clemenskirche – in unmittelbarer Nähe der Wallfahrtskapelle St. Marien – führt der EmsRadweg autofrei im Grünen flussabwärts. Wir verlassen Telgte im Nordosten und erreichen schon bald den Münsteraner Stadtteil **Lauheide** mit dem Waldfriedhof Lauheide, dem mit über 35.000 Gräbern größten Friedhof von Münster. Unweit des Friedhofs lohnt der **Kunst- und Heidegarten Lauheide** 12 einen Besuch, dafür fahren wir 1 km am Südrand des Friedhofs entlang.

Der EmsRadweg zweigt jedoch schon vor dem Waldfriedhof nach Norden ab, wir queren erneut die Ems und fahren durch die Emsaue zum **Haus Langen** 13, ein ehemaliges Rittergut mit einer fotogenen Doppelwassermühle. Die Gräften von Haus Langen, die im Mittelalter für Schutz sorgen sollten, werden von der **Bever** gespeist. Der kleine Nebenfluss der Ems mündet etwas südlich nach ein paar Schlingen in die Ems.

Wir radeln am **Josefsee** vorbei, der durch Sandaushub für den Straßenbau entstanden ist. Aus dem beliebten Anglersee hat schon mancher Petrijünger einen kapitalen Karpfen oder Hecht geangelt. Um den Laich und die Jungfische vor den hungrigen Kormoranen zu schützen, hat man Altholz in

12 ***Highlights*** am Wegesrand

Kunst- und Heidegarten Lauheide

Kunst aus Recyclingmaterial

Die Gestaltung seines Gartens ist das Hobby von Karl-Erich Böttcher. So entstand über die Jahre ein einzigartiger Heidegarten mit seltenen (Heide-)Pflanzen.

Nach seiner Pensionierung schmückte Böttcher den Garten mit selbstgemachten Plastiken und Skulpturen, die alle überwiegend aus „Restmaterialien" geschaffen wurden. Inzwischen sind es über 250 Projekte. Dem Besucher wird offengelassen, zu raten, zu denken und zu interpretieren.

Ein paradiesischer Wundergarten mit einem neu aufgebauten Fachwerkhaus, das als Kunstgalerie genutzt wird. Hier kann man Stunden verweilen! Der Garten ist jeden Tag – ganztägig – bei Tageslicht zugänglich, das Bauernhaus bei Ausstellungen von 10 bis 18 Uhr.

Lauheide 20
48291 Telgte
www.kunstgarten-lauheide.de/galerien/plastiken-kunststoff/

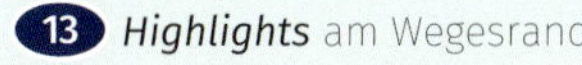

Haus Langen

Gut geschützt

Was für ein romantischer Stopp auf dem Weg nach Norden. Die wahrscheinlich über 1000 Jahre alte Anlage liegt südwestlich von Westbevern-Dorf am Flüsschen Bever.

Das ehemalige Rittergut ist umgeben von einer großen Ringwallanlage mit doppeltem, teilweise sogar dreifachem Graben. Von der alten Burganlage existiert nur noch das Torhaus, ein Backsteingiebelhaus münsterscher Art mit Schießscharten.

Um so eindrucksvoller ist die **Wassermühle**, eine münsterländische Doppelanlage, wie sie typisch für das Mittelalter war. Ende des 13. Jh. wurde eine erste Wassermühle gebaut, ihr folgten weitere Folgebauten. Die heutige Doppelmühle mit Wasserfall stammt aus den Jahren 1813/1814. Die Ölmühle wurde um 1900 stillgelegt, die Kornmühle hat noch bis 1958 Korn gemahlen (zwei Mahlgänge). Torhaus und Mühle befinden sich in Privatbesitz.

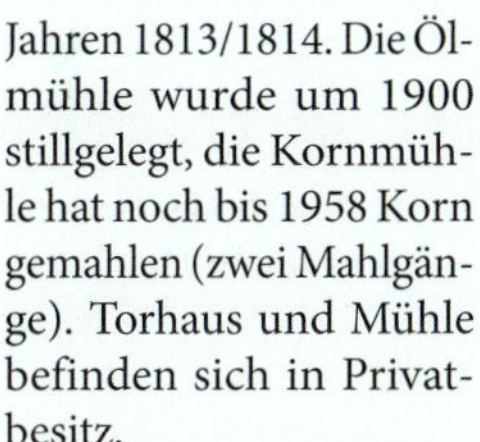

Beim Haus Langen gibt es einen Rastplatz mit Tisch und Bänken unter schattigen Bäumen.

den See eingebracht. Den Münsterländer Ort **Vadrup** streift der Radweg im Südosten und verläuft dann flussfern durch die Felder nach **Gelmer**, das zur Stadt Münster gehört. Hier trifft der Radweg auf den **Dortmund-Ems-Kanal** (DEK, siehe Kapitel 8).

Eindrucksvoll – das Technikdenkmal Kanalüberführung

Ein steinernes Monument des ausgehenden 19. Jh. überspannt die Ems, die **Kanalüberführung Münster-Gelmer** 14 (siehe Roadbook). Sie zählt zu den bedeutenden Technikdenkmälern am Dortmund-Ems-Kanal. Die Überführung der Alten Fahrt des Dortmund-Ems-Kanals über die Ems wurde 1897 als Bogenkonstruktion mit vier 12,6 m breiten Bogenöffnungen vollendet, war den Anforderungen aber bald nicht mehr gewachsen, sodass schon 1939 die **Neue Fahrt** mit neuer Kanalüberführung errichtet werden musste. Beide Kanalüberführungen waren in Betrieb, bis alliierte Bomberpiloten die Überführung der Neuen Fahrt 1940 zerstörten: Das Wasser des Dortmund-Ems-Kanals ergoss sich damals in die darunter fließende Ems. Ein Auslaufen des Kanals wurde durch Schließen eines der Sperrtore verhindert.

Autofrei nach Münster

Am Dortmund-Ems-Kanal bietet sich das zweite Mal ein Abstecher ins se-

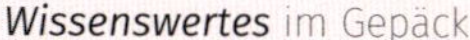

Bever

Fleißiger Fluss des Münsterlandes

Seinen „Spitznamen“ verdankt der kleine Nebenfluss der Ems der Tatsache, dass er ein vergleichsweise starkes Gefälle (25 m) hat und von der Quelle bis zur Einmündung in die Ems beim Haus Langen einst die Wassergräben (Gräften) zahlreicher Schlösser, Klöster und (Herren-)Häuser füllte. Um den Wasserstand regulieren zu können, hatte man Teiche angelegt, die auch der Fischzucht und dem Betrieb von Wassermühlen dienten. Die Staurechte für den Betrieb von Mühlen an der Bever lagen in der Regel bei Klöstern oder Adelssitzen, um die Rechte, die Stauhöhe und die Stauzeiten wurde ständig gestritten. Bis in die 1960er-Jahre waren noch fünf Wassermühlen an der Bever in Betrieb. Grund für die Einstellung war die Begradigung der Bever, die im Rahmen von Meliorationsmaßnahmen und Flurbereinigung notwendig wurden. Dafür kaufte man damals alle bestehenden Staurechte auf.

henswerte **Münster** 15 an: Die Radroute Dortmund-Ems-Kanal führt am Kanalufer entlang in die Stadt.

Der Abstecher in die 1200 Jahre alte Metropole des Münsterlandes lohnt sich auf jeden Fall: Münster hat viele Gesichter, ist Bischofssitz und Studentenstadt, ein wichtiger Forschungsstandort, Kulturhochburg und Fahrradparadies. Zu den Hauptsehenswürdigkeiten der Stadt zählt der Prinzipalmarkt, die Kirchen St. Lamberti und St.-Paulus-Dom mit Domplatz. Unübersehbar sind auch die Barockbauten von Johann Conrad Schlaun, etwa die sechseckige Clemenskirche, Schloss Münster oder der Erbdrostenhof. Das Graphikmuseum Pablo Picasso lockt genauso wie die vielen Skulpturen in Münsters Innenstadt – Zeugen der letzten internationalen Skulpturenausstellungen. Das Museum für Kunst und Kultur ist der neueste Stern am Museums-Himmel von Münster.

Münster

Deutschlands bekannteste Fahrradstadt

Die „Hauptstadt“ und Namensgeberin des Münsterlandes zählt zu den lebenswertesten Städten Europas.

Münster geht zurück auf das lateinische Wort *monasterium* (Kloster), das Münsterland ist demnach „Klosterland“. Stadt und Land unterstanden ab dem Mittelalter als Reichsfürstentum einer Priesterherrschaft, der Herrscher war politisches (Fürst und Lehnsherr) und geistliches Oberhaupt (Bischof).

Aasee
15 Fußminuten vom Prinzipalmarkt entfernt liegt die Lieblingsbadewanne der Münsteraner. Der Stadtsee lockt mit schönen Wegen, es gibt einen Bootsverleih, eine Segelschule und zwei Segelclubs. Rund um den See sorgen Cafés, Restaurants und Hotels für das leibliche Wohl der Ausflügler.

Im Sommer bringt das Solarschiff SOLAARIS seine Gäste zu den Attraktionen am See: Zum Allwetterzoo mit dem **Westfälischen Pferdemuseum Hippomaxx**, zum LWL-Museum für Naturkunde/**Westfälisches Landesmuseum mit Planetarium** und zum **Mühlenhof-Freilichtmuseum**, in dem man erfährt, wie die Bewohner des Münsterlandes früher gelebt und gearbeitet haben.
www.stadt-muenster.de

Die Münsteraner **Altstadt** zählt mit ihren Arkaden, Giebelhäusern, Kirchen und dem Prinzipalmarkt im Zentrum zu den schönsten städtischen Gesamtanlagen Deutschlands.

Segeln vor der Haustür

Das Residenzschloss Münster – heute Sitz der Universität

Der **Dom** aus dem 13. Jh. ist die größte und bedeutendste Bischofskirche Westfalens. Rund um den **Prinzipalmarkt** im Herzen der Altstadt finden sich Giebelhäuser, das **gotische Rathaus** (14. Jh., im Inneren der Friedenssaal von 1577) und die **Stadt**- und **Marktpfarrkirche Sankt Lamberti** (1375–1450).

Verheerende Bomben
1943–1945 zerstörten die Alliierten die Altstadt im Rahmen „moralischer Bombardements" zu 91 % durch Spreng- und Brandbomben, der Wiederaufbau orientierte sich bis in Details (Parzellenbreiten, Giebelreihung) an den alten Formen, das Rathaus mit dem filigranen Treppengiebel (14. Jh.) wurde ebenso wiederaufgebaut wie der gotische Dom und das Stadtweinhaus (1615) im Stil der Spätrenaissance.

Schloss/Universität
Das ehemalige fürstbischöfliche Residenzschloss Münster ist ein Hauptwerk des norddeutschen Barocks und ein Meisterwerk Conrad Schlauns, der mit dem Bau der 91 m langen Dreiflügelanlage 1767 begann. Nach seiner völligen Zerstörung 1945 wurde das Äußere als Hauptgebäude der Universität nach alten Plänen wiederaufgebaut. Das heute als Sitz der Universitätsverwaltung fungierende Schloss ist umgeben von ausgedehnten Parkanlagen, darunter dem Botanischen Garten.

Rüschhaus
Das Gebäude baute sich Conrad Schlaun 1749 für sich selbst (heute Droste-Museum) – es vereinigt die Architektur münsterländischer Bauernhäuser und barocker Herrensitze. Auf dem Landgut lebte von 1826 bis 1848 zeitweise Annette von Droste-Hülshoff.

Hafen Münster
Vom Güterumschlagplatz zum Kreativkai: Bürohäuser, Kunst, Kultur, Restaurants und Szeneclubs sorgen am Kreativkai (Nordufer) dafür, dass hier rund um die Uhr etwas los ist. Auf dem Südufer finden sich die klassischen Hafenanlagen, während am Kreativkai durch den Umbau ehemaliger Speicherhäuser Münsters moderne Waterfront entstand. Die **Ausstellungshalle zeitgenössischer Kunst Münster** findet man in einem umgebauten Speicherhaus.

Wissenswertes im Gepäck

Westfälischer Frieden

Geburtsstunde der Niederlande

Hier im Rathaus wurde 1648 ein Teilabkommen des Westfälischen Friedens zur Beendigung des Dreißigjährigen Kriegs unterzeichnet. Der am 30. Januar 1648 im **Krameramtshaus** (heute: Haus der Niederlande) in Münster vereinbarte und am 15. Mai 1648 im **Friedenssaal** unterzeichnete Spanisch-Niederländische „Vrede van Munster" (holländisch: Frieden von Münster) beendete den Achtzigjährigen Krieg (1568–1648) der nördlichen Niederlande gegen das Habsburger-Königreich Spanien.

Die reformierten nördlichen Niederlande erhielten die Unabhängigkeit – der Vertrag gilt als Geburtsstunde der modernen Niederlande.

Am 5./6. September 1648 wurde zwischen dem Heiligen Römischen Reich und Frankreich der **Teilfrieden von Münster** unterzeichnet; zusammen mit dem Teilfrieden von Osnabrück beendete er den Dreißigjährigen Krieg.

Vom Dortmund-Ems-Kanal ist es nicht mehr weit ins **Naturschutzgebiet Bockholter Berge** (16). Nach erneutem Überqueren des Flusses lockt der hübsche Dorfkern von **Gimbte**. Wie viele andere Münsterländer Orte ist auch Gimbte aus einem Drubbel, einer eng zusammenstehenden Gruppe von Bauernhäusern, entstanden, im Fall von Gimbte waren es zwei Drubbel.

Ein kurzer unterhaltsamer Abstecher führt zum **Museumshof Averkamp**, der seit 350 Jahren im Besitz der sammelfreudigen Familie Averkamp ist. Hier wird eine Vielzahl historischer landwirtschaftlicher Geräte präsentiert. Sie hat begonnen, für die Besucher und die Nachwelt landwirtschaftliche Geräte zu sammeln, die das Leben und das Wirtschaften in den vergangenen Jahrzehnten dokumentieren (*www.hofmuseum.de*).

Die Weiterfahrt nach **Greven** verläuft in unmittelbarer Nähe zur windungsreichen Ems. Kurz vor der Emsbrücke veranschaulichen eine Balkenkonstruktion und ein Spanntransparent die ursprüngliche Lage, Größe und das Aussehen der **Burganlage Schöneflieth**. Die Zollburg an der Emsfurt verlor nach dem Mittelalter ihre Bedeutung und wurde nach wechselvoller Geschichte vor rund 200 Jahren abgetragen. Auf der anderen Emsseite bietet das Freibad Greven Gelegenheit zu einem erfrischenden Stopp.

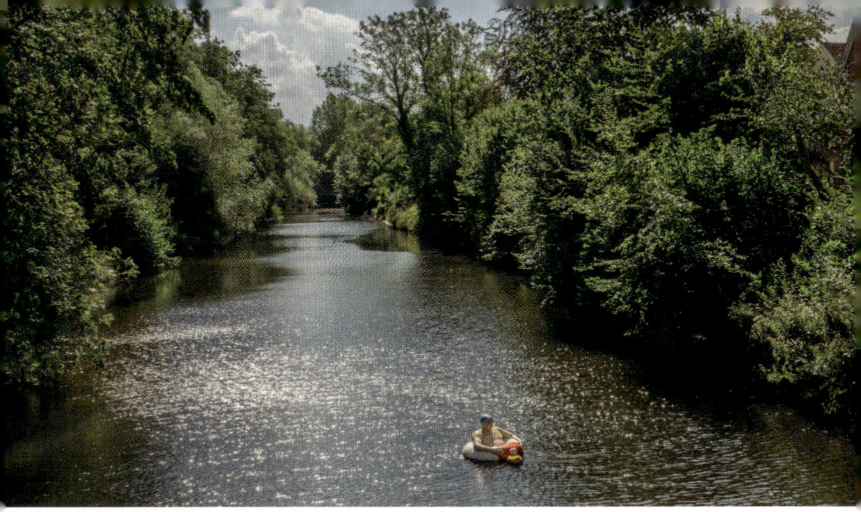

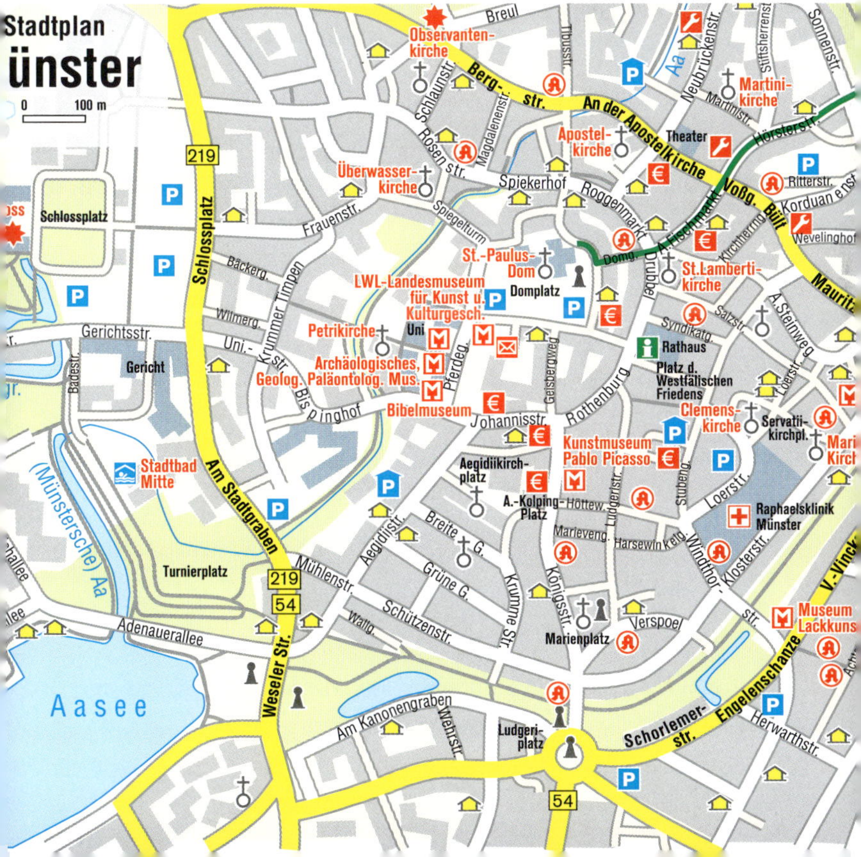
Stadtplan
ünster
0 100 m
Breul
Observanten-kirche
Berg-str.
An der Apostelkirche
Tibusstr.
Aa
Neubrückenstr.
Stiftsherrenstr.
Sonnenstr.
Martini-kirche
Martinistr.
Schlaunstr.
Magdalenenstr.
Rosen str.
Apostel-kirche
Theater
Hörsterstr.
Überwasser-kirche
Spiekerhof
Roggenmarkt
Voßg.
Bült
Ritterstr.
Korduanenstr.
Wevelinghof
Schlossplatz
Frauenstr.
Spiegelturm
Domg.
A.-Fischmarkt
Kirchherrng.
Mauritz
St.-Paulus-Dom
Drubbel
St.Lamberti-kirche
Bäckerg.
Krummer Timpen
LWL-Landesmuseum für Kunst u. Kulturgesch.
Domplatz
Salzstr.
A.Steinweg
Wilmerg.
Gerichtsstr.
Uni.-str.
Petrikirche
Uni
Syndikatg.
Rathaus
Gericht
Archäologisches, Geolog. Paläontolog. Mus.
Pferdeg.
Geisbergweg
Platz d. Westfälischen Friedens
Loerstr.
Badestr.
Bispinghof
Bibelmuseum
Johannisstr.
Rothenburg
Clemens-kirche
Servatii-kirchpl.
Mari Kirch
Kunstmuseum Pablo Picasso
Stadtbad Mitte
(Münstersche) Aa
Am Stadtgraben
Aegidiikirch-platz
Stubeng.
Loerstr.
Raphaelsklinik Münster
A.-Kolping-Platz
Hötteweg
Ludgeristr.
Breite G.
Marienveng.
Harsewinkelg.
Windthorststr.
Klosterstr.
Aegidiistr.
V.-Vinck
Turnierplatz
Mühlenstr.
219
Grüne G.
54
Königsstr.
Krumme Str.
Museum Lackkuns
Adenauerallee
Wallg.
Schützenstr.
Verspoel
Marienplatz
Aasee
Weseler Str.
Am Kanonengraben
Wehrstr.
Ludgeri-platz
Schorlemer-str.
Engelenschanze
Herwarthstr.
54
Schlossplatz

16 *Highlights* am Wegesrand

Bockholter Berge

Dünenberge

Das schöne Naturschutzgebiet Bockholter Berge präsentiert sich als eine urige Landschaft mit einem Mosaik aus Heide, Wacholdersträuchern, knorrigen Eichen, Trockenrasen und Kiefermischwäldern.

Bei den „Bergen" handelt es sich um einen nach der Eiszeit aufgewehten Dünenkomplex, auf dem sich Sandheiden, Sandtrockenrasen und Wacholderbestände entwickelt haben. Viele Wanderwege erschließen das Gebiet und führen u. a. zum Gellenbach, der sich tief in den Sand eingegraben hat und sich zwischen Steilufern und Sandbänken durch das Dünengebiet windet. Hier sollte man die Augen aufhalten, denn an den Uferabbrüchen gräbt sich der hübsche Eisvogel seine Nisthöhlen. Die vom Menschen angelegten Kiefernforste, die zur Zeit noch weite Teile des Naturschutzgebiets bedecken, sollen nach und nach in die hier natürlich vorkommenden Eichen-Birken-Wälder umgewandelt werden.

Ein Gedenkstein erinnert daran, dass sich der Heidedichter Herman Löns schon vor über 100 Jahren für die Heide in den Bockholter Bergen begeistern konnte.

Anschließend geht es auf der Deichkrone längs der Ems autofrei in den Ortskern von **Greven**. Greven mit der im Zentrum in erhöhter Lage errichteten Martinskirche (romanischer Westturm), einer Gründung des Missionsbischofs Liudger, ist eine der Urpfarren des Münsterlandes. Bis 1950 war Greven das „größte Dorf des Münsterlandes", dessen Ursprung sich im Hoek findet, dem ältesten Viertel der Stadt. Die Industrialisierung Grevens ab Mitte des 19. Jh. basierte wie in weiten Teilen des Münsterlandes auf der Textilindustrie. So findet man in der Stadt neben Ackerbürgerhäusern auch herrschaftliche Villen aus der Gründerzeit. Im Stil des Spätklassizismus, Historismus oder Jugendstils errichtet, liegen die stattlichen Gebäude oftmals in parkähnlichen Gärten (Martinistraße 17, 43, Marktstraße 1 und 40). Ein herausragendes Beispiel der Industriekultur ist das Gebäude der **Grevener Baumwollspinnerei**, heute ein viel besuchtes Kultur- und Bildungszentrum.

Am nördlichen Ortsrand taucht der Ems-Radweg wieder autofrei

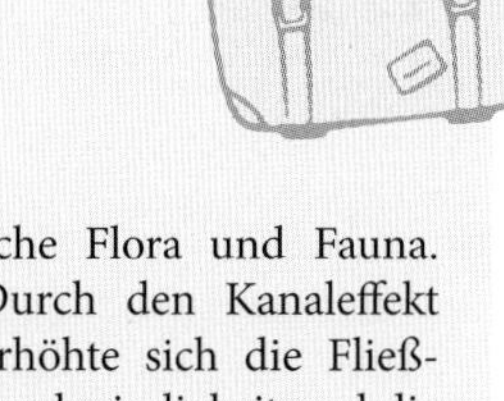

Greven

Die Stadt und der Fluss

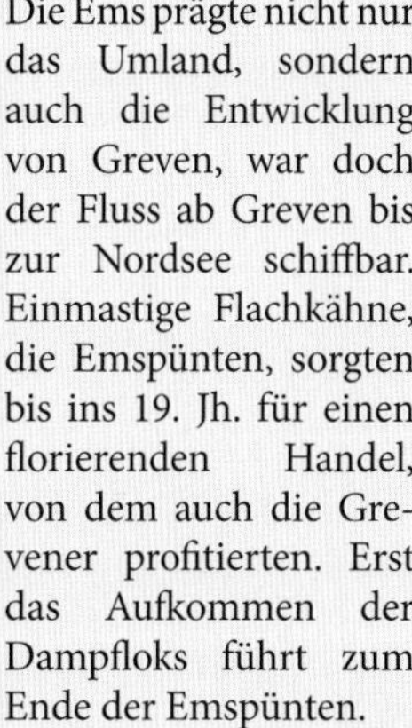

Die Ems prägte nicht nur das Umland, sondern auch die Entwicklung von Greven, war doch der Fluss ab Greven bis zur Nordsee schiffbar. Einmastige Flachkähne, die Emspünten, sorgten bis ins 19. Jh. für einen florierenden Handel, von dem auch die Grevener profitierten. Erst das Aufkommen der Dampfloks führt zum Ende der Emspünten.

Im Februar 1946 kam es zu einer verheerenden Flut, bei der das Emswasser weite Teile des Dorfes überflutete. In der Folge wurde die Ems weg vom Ortszentrum gelegt, erst mit den Renaturierungsmaßnahmen seit 2018 kann man den Fluss wieder erleben.

Kunst in der Stadt

Auch künstlerisch setzt man sich mit dem Fluss auseinander: Im Stadtkern wurden zahlreiche „Treibgut-Elemente“ installiert, die mit Geschichten beschriftet sind, in denen Grevener Bürger erzählen, welche Erinnerungen und Gedanken sie mit ihrem Fluss verbinden.

Kunst am Deich

Auch der stetig wachsende Skulpturenpark entlang des Emsdeiches lohnt einen Stopp: Auf 2,5 km sind Objekte zu sehen, die sich mit der Frage beschäftigen „Was hat die Ems mit Greven gemacht?“

Grevener Emsauen

Bis in die 1970er-Jahre wurde die Ems über weite Strecken begradigt und in ein enges Korsett gezwängt. Dadurch gingen die typischen Elemente eines natürlichen Flusslaufes wie Steilufer, Sandbänke und Ufergehölze verloren, und damit auch die typische Flora und Fauna. Durch den Kanaleffekt erhöhte sich die Fließgeschwindigkeit und die Ems grub sich bis zu 2 m tiefer in den sandigen Untergrund ein, sodass in der Folge der Grundwasserspiegel in der Emsaue massiv absank.

Inzwischen hat sich der Denkansatz gewandelt und man versucht nun im Rahmen des Emsauenschutzkonzeptes dem Fluss wieder mehr Freiräume zu geben, um seine eigene Dynamik entfalten zu können – zumindest da, wo die Bebauung nicht zu nah an den Fluss reicht bzw. der Hochwasserschutz erhalten bleiben muss.

Zu den schönsten Emsabschnitten in Greven gehören die Aue im Bereich des Landhauses Oeding bei Gimbte und nördlich der Alten Spinnerei.

in die schönen Birken-Eichen-Mischwälder der **Wentruper Berge** ein, die auch **Püppkesberge** genannt werden. Durch die Emsauen geht es weiter zum **Sachsenhof Pentrup** **17**, wo liebevoll rekonstruierte und unterhaltene Gebäude, Nutzgärten und Geräte ein anschauliches Bild vom Wohnen, Arbeiten und der frühmittelalterlichen Lebensweise in der Region vermitteln.

Während der Emsauenfahrt weiter flussabwärts lässt vor der Emsbrücke bei Hembergen das **Kunstwerk Sixth Chimney** aufschauen: Der schwedische Visualartist Jan Svenungsson, der sich auf die Errichtung funktionsfreier Fabrikkamine (englisch: chimney) in unterschiedlichen Architektur- und Landschaftszusammenhängen spezialisiert hat, hat 2001 zwischen einem Feld und dem Waldrand einen 15 m hohen, zweckfreien Schornstein gebaut. Er möchte diese steuerfinanzierte Skulptur als „offenes Interpretationsfeld“ verstanden wissen, das heißt, wie die Püppkes in den Püppkesbergen lässt sich der Fabrikschornstein unterschiedlich deuten, als Demonstration der „Wirkmacht purer Schönheit“, als Verweis auf historische Industriearchitektur oder als Hommage an die surrealen Traumlandschaften Giorgio de Chiricos. Svenungsson hat mittlerweile schon weitere Schornsteine gebaut, der zehnte wurde 2015 im schwedischen Uppsala aufgestellt.

Nach Überqueren der Ems im ländlich geprägten Kirchdorf Hembergen geht es über die Felder, zum Teil auf alten Pättkes, nach **Emsdetten**, wo der Mühlenbach in die Ems mündet. Im Zentrum der Stadt im nördlichen Münsterland liegt die **Museumsinsel Hof Deitmar** **18**.

Frühling an der Ems in Hembergen

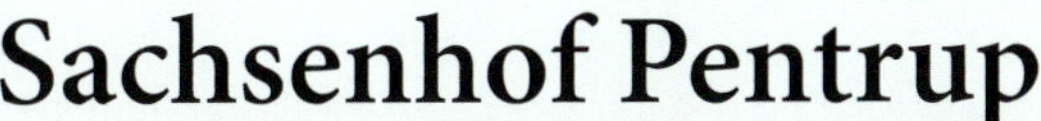

Sachsenhof Pentrup

Wohnen, Leben und Arbeiten wie vor 1300 Jahren

1973 begann das Westfälische Museum für Archäologie Münster mit Ausgrabungen im Sandabbaugebiet Gittrup. Man fand zahlreiche Spuren urgeschichtlichen Lebens. Um die Bedeutung der archäologischen Untersuchungen schon während der laufenden Ausgrabungen verständlich zu machen, wurde 1983 mit der Rekonstruktion eines frühmittelalterlichen sächsischen Hofplatzes aus dem 6. bis 8. Jh. in unmittelbarer Nähe zur Ausgrabungsfläche begonnen.
Diese Anlage verlegte man 1987 nach Pentrup.

Mittelpunkt der Anlage ist das **Haupthaus**, das als Wohn- und Stallhaus genutzt wurde und charakteristisch für die Häuser der Sachsen in dieser Zeit war. Es ist ein 18 m langes reetgedecktes Pfostenhaus mit schiffsförmig gebogenen Längswänden, schrägen Außenpfosten und einem stützfreien Innenraum. Die aus Weiden geflochtenen Wände sind lehmverputzt. Interessant sind auch die bis zu 1 m in die Erde eingetieften **Grubenhäuser**, die die Sachsen als Handwerkshäuser nutzten, vor allem für die Textilherstellung.

Die frühmittelalterlichen Sachsen siedelten, wo es möglich war, auf hochwasserfreien, flussnahen Terrassen. Von dort aus ließen sie ihr Vieh in den feuchten Flussauen weiden, während sie auf den hofnahen Terrassenflächen Ackerbau betrieben.

Was die Sachsen anbauten

Im Garten des Freilichtmuseums finden sich die typischen Küchenkräuter, Medizin- und Färbepflanzen. Grundlage der Nahrung waren damals Getreide und Hülsenfrüchte, auch Öl-, Stärke- und Faserpflanzen wurden hofnah angebaut. Aus Flachs wurde Leinen gewonnen. Die Anlage ist ganzjährig frei zugänglich.

Pentruper Mersch 5
48268 Greven
www.heimatverein-greven.de

August-Holländer-Museum und Hof Deitmar

Museumsinsel Hof Deitmar

Emsdetten im Wandel der Zeit

Der Hof Deitmar ist die Keimzelle der Stadt Emsdetten und als einziger von einst vier „Urhöfen“ des ehemaligen Dorfes Emsdetten noch erhalten. 1912 wurde er zu seiner heutigen Form umgebaut. Rund um das Hauptgebäude ist im Laufe der Jahre eine „Museumsinsel“ entstanden.

Im einstigen **Hofspeicher** befindet sich das heutige **Speichermuseum**, der alte Kornspeicher stammt aus dem 17. Jh. und ist damit das älteste noch erhaltene Gebäude der Stadt. Das Speicher-Museum zeigt rund 150 alte Geräte, die den Selbstversorgern und Landwirten zur Verrichtung der verschiedensten Arbeiten dienten.

Das **August-Holländer-Museum** dokumentiert die Entwicklung Emsdettens vom Bauern- und Weberdorf zur Industriestadt.

Im **Wannenmachermuseum** wird die Geschichte des alten Wannemacherhandwerks aufgezeigt. Bei den Wannen handelt es sich um flache **Weidenkörbe**, die in der Landwirtschaft verwendet wurden. Das ausgedroschene Getreide wurde in der Wanne durch Hochwerfen von Spreu und Staub getrennt.

Oft verströmt das nach historischen Vorbildern neu gebaute Backhaus einen betörenden Geruch, denn hier werden traditionelle Steinofenbrote gebacken.

Mühlenstr. 28–30
48282 Emsdetten
Tel.+49 2572 941316
www.emsdetten.de

Essen, Trinken & Durchatmen

Ein kulinarischer Abzweig

Der **Gasthof Tennenhof** mit einer schönen Terrasse mitten im Grünen liegt direkt am EmsRadweg. Die Hofstelle hat eine lange Geschichte, die bis 1400 zurückreicht. Hier kann man in aller Ruhe Kaffee und hausgemachten Kuchen etc. genießen. Sollte das Wetter regnerisch sein, stehen Tische und Stühle in der Kappscheune bereit.

Gasthof Tennenhof
Fuestruper Straße 55
48268 Greven
Tel. +49 2571 64 97
www.tennenhof.net

Das **Hotel-Restaurant Kaltefleiter** liegt im über 950 Jahre alten Ort Gimbte und ist ein traditioneller Familienbetrieb seit 1853. Auf der Karte finden sich vor allem westfälische und Wildgerichte. Aus der eigenen Hausbäckerei kommen täglich frisch gebackenes Brot, Brötchen und Kuchen vom Blech.

Altes Wirtshaus Kaltefleiter
Alter Fährweg 6
48268 Greven - Gimbte
Tel. +49 2571 95 420
www.gimbte.de/kaltefleiter/

Spannende Erlebnisse am Mittellauf

Rapsfeld an der Ems

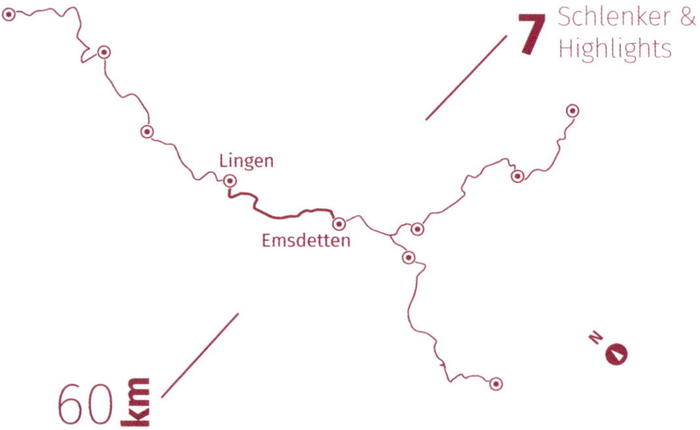

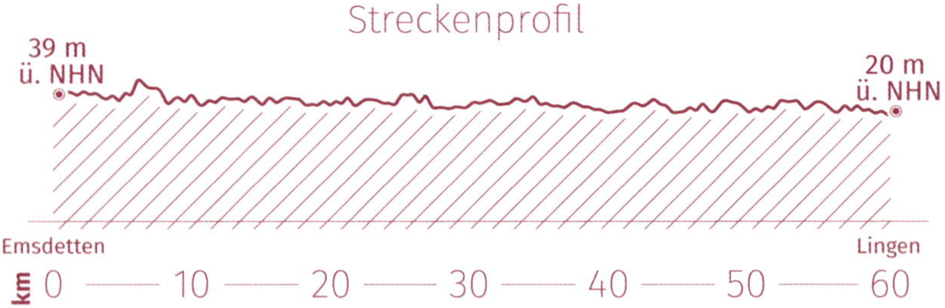

7 Schlenker & Highlights

Lingen

Emsdetten

60 km

Streckenprofil

39 m ü. NHN

20 m ü. NHN

Emsdetten

Lingen

km 0 — 10 — 20 — 30 — 40 — 50 — 60

Wir verlassen Emsdetten im Norden, der Radweg folgt der Lindenstraße nordwärts, quert den Nordring und führt ins Naturschutzgebiet Emsauen: Erste Station nach dem Queren der Ems ist der **Hermeler See**, ein Baggersee, der vor allem bei Anglern sehr beliebt ist. Es kommen hier sämtliche wichtige mitteleuropäische Fischarten wie Aal, Barsch, Brasse, Döbel, Hecht, Karpfen, Regenbogenforelle, Rotauge, Rotfeder, Schleie und Zander vor. Früher durfte man hier auch baden, inzwischen wurde er rekultiviert. Der See kann auf einem Spazierweg umrundet werden.

Überwiegend autofrei geht es durch Gehölze und Wiesen rechts der Ems zum Ausflugslokal **Bockholter Emsfähre** mit Biergarten und Fähranleger direkt an der Ems. Diese verbindet den Rheiner Ortsteil Elte auf der rechten Seite der Ems mit dem Emsdetter Ortsteil Isendorf. Als letzte handbetriebene Fähre im gesamten Emsverlauf ist die Bockholter Emsfähre eine echte Besonderheit im Münsterland – und vermutlich die kleinste Fähre Deutschlands für Personen und Fahrräder.

Im Wechsel aus autofreien Wegen und kurzen Nebenstraßenpassagen geht es zwischen Wald und Wiesen weiter flussabwärts, vorbei am kleinen Ort Elte. Hier lohnt die **Fachwerkhofanlage Pöpping** 19 einen kurzen Besuch, ehe vor Gellendorf in der Gellendorfer Mark die Bundesstraße die Route zur Rheiner Eisenbahnbrücke vorgibt.

Die mittelalterlichen Höfe in Gellendorf, ein Stadtteil von Rheine, wurden auf Anhöhen errichtet, um nicht alljährlich mit Überschwemmungen der Ems konfrontiert zu sein. Die Nationalsozialisten errichteten in diesem idyllischen Landstrich einen Truppen-

Lohnenswerter Schlenker **19**

Fachwerkhofanlage Pöpping

Reise in die Vergangenheit

Familie Pöpping schuf hier unter Beteiligung von Museumsexperten seit 1985 ein Ensemble historischer Gebäude aus dem nordwestfälischen Raum. Die Lage des Hofes und die Gruppierung der Gebäude entspricht dem Gestaltungsplan alter münsterländischer Hofanlagen.

Im Zentrum der Anlage steht das imposante, lang gestreckte Haupthaus, ein ehemaliges Doppelheuerhaus, bei dem zwei kleine Landarbeiterwohnungen giebelseitig aneinandergebaut sind. Das Haupthaus mit angrenzendem Bauerngarten wurde so gut es ging in seiner historischen Bausubstanz erhalten. Die Tenne im östlichen Hausteil wird als „Klönraum“ genutzt – hier finden Veranstaltungen, Kurse und Ausstellungen statt. Entsprechend ihrer historischen Funktion gruppieren sich die Nebengebäude locker um das Haupthaus: Remise, Schirmscheune und die Durchfahrtscheune sind zur Hofzufahrt hin ausgerichtet, das Backhaus von 1730 (heute Bildhauerwerkstatt) und der Speicher (1835) befinden sich in der Nähe des Wohnhauses, Schafstall und Bienenhaus stehen etwas abseits vom Hof.

In den Nebengebäuden (Schreinerwerkstatt, Holzschuhmacherei, „Timmerkamer“, „Kistenmakerie“) stößt man auf eine umfangreiche Sammlung alter bäuerlicher und handwerklicher Gerätschaften, die die Familie über die Jahrzehnte zusammengetragen oder geschenkt bekommen hat. So gibt es Einrichtungen zum Korbflechten, zur Flachsbearbeitung und Leinenweberei sowie zum Flechten von Binsenstühlen usw., die alten Techniken werden bei Kursen vorgeführt.

Familie Pöpping lebt und arbeitet hier, empfängt aber gerne (angemeldete) Gäste.

Schulte-Elte-Straße 17
48432 Rheine
Besichtigung nach telefonischer Anmeldung:
Tel. +49 5975 1760
www.fachwerkhofanlage-poepping.de

Bockholter Emsfähre

Hol über, Fährmann!

Die Bockholter Emsfähre verbindet den Rheiner Ortsteil Elte auf der rechten Seite der Ems mit dem Emsdetter Ortsteil Isendorf am linken Emsufer. Die Geschichte der Bockholter Emsfähre ist uralt, das Fährrecht besteht für die Familie des Landwirts an dieser Stelle schon seit rund 300 Jahren. Früher übernahm immer der Hofmelker die Aufgabe, Touristen hin und her zu rudern. Noch heute bringt der Fährmann mit Muskelkraft Radler und Wanderer vom Ausflugsgasthof „Bockholter Emsfähre“ ans gegenüberliegende Ufer und umgekehrt.

Fährzeiten: 1. Mai bis 1. Okt. Sa und So 11 bis 18 Uhr (und auf Anfrage).

Zur Bockholter Emsfähre 111
48432 Rheine-Elte
Tel. +49 5975 9197855
www.elte.de/bockholter-emsfaehre/

Hermannsweg

Kammweg des Teutoburger Walds

Von Rheine führt der nach Hermann dem Cherusker benannte und mit dem Buchstaben „H“ markierte Fernwanderweg durch die Parklandschaft des nördlichen Münsterlandes zu den Dörenther Klippen, zum Hermannsdenkmal und den Externsteinen und endet schließlich nach 154 km auf der Velmerstot, dem höchsten Berg von Teutoburger Wald und Egge. Die Fortsetzung des Hermannswegs ist der Eggeweg, auch er als „Qualitätsweg Wanderbares Deutschland“ zertifiziert und einer der attraktivsten Fernwanderwege Deutschlands.

www.hermannsweg.de

20 *Highlight* am Wegesrand

Rheine

Emsübergang mit überregionaler Bedeutung

Die zweitgrößte Stadt im Münsterland ist ein wichtiges Ziel von Wasserwanderern, die die Stadt über Ems oder Dortmund-Ems-Kanal erreichen. Hier startet zudem der Hermannsweg. Die Stadt entwickelte sich an einem seit vorgeschichtlicher Zeit bedeutenden Emsübergang: Hier kreuzten sich alte Handelsstraßen von Westfalen zur Nordsee und in die Niederlande.

Der schönste Platz der Stadt ist der historische **Marktplatz**, der von Fachwerkhäusern aus dem 17.–19. Jh. eingerahmt und vom Turm der spätgotischen Hallenkirche **St. Dionysius** (Stadtkirche) überragt wird. Die Kirche, eine reich ausgestattete Rundpfeilerhalle, war ursprünglich auf diesem Hügel links der Ems um 800 gegründet worden. Dabei handelt sich um die höchste Erhebung der Rheiner Altstadt, einem knapp 40 m hohen Kalksporn über der Ems. In ihrer heutigen Form stammt sie aus der Zeit um 1400 bis 1520.

Der Falkenhof
Die Keimzelle der Stadt ist der Falkenhof, eine über 1000 Jahr alte Hofanlage und heute ein Museum. 838 schenkte Kaiser Ludwig den als „Villa Reni" bezeichneten Hof der Reichsabtei in Herford, die ihn wiederum in den folgenden Jahrhunderten an verschiedene Adelsfamilien verpachtete. Im 14. Jh. hieß die Pächterfamilie von Valke – ihr verdankt der Hof seinen heutigen Namen.

Im 16. Jh. erlebte die Anlage ihre Blütezeit und wurde zu einer barocken Dreiflügelanlage mit Freitreppe und charakteristischem Taubenbrunnen

Der Falkenhof – Keimzelle der Stadt Rheine

umgebaut und verliehen ihr so ihre heutige elegante Gestalt. Der lohnende Museumsbesuch vermittelt einen Einblick in die westfälische Adelskultur, zu sehen ist Kunst vom Mittelalter bis in die Moderne. Eine stadthistorische Abteilung informiert über die Geschichte von Rheine.
www.rheine.de/falkenhof-museum

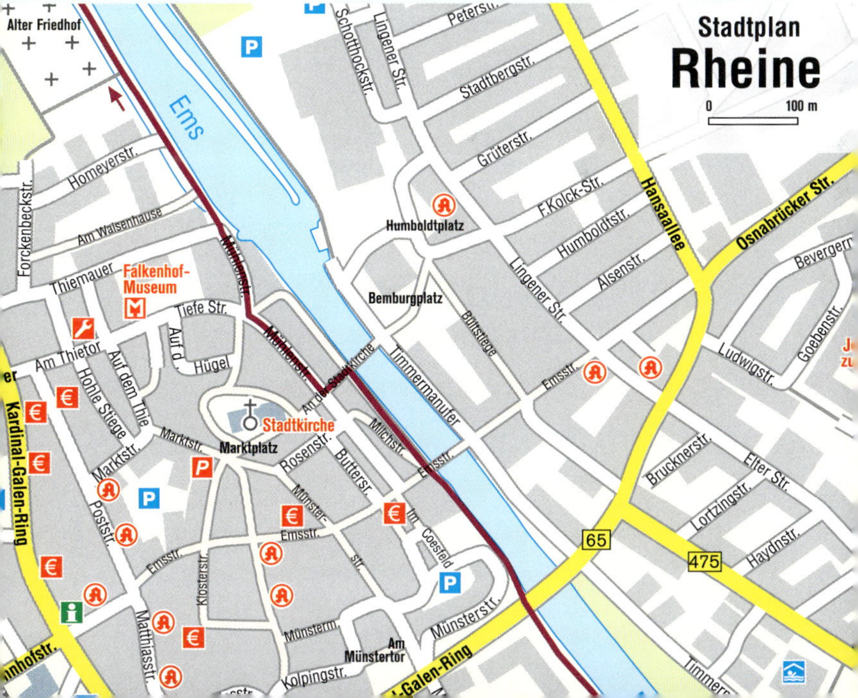

Stadtplan Rheine

0 100 m

übungsplatz und eine Kaserne und ließen endlose Wälder abholzen; auf dem Kasernengelände ist die Gartenstadt Gellendorf entstanden.

Nach Überqueren der Eisenbahnbrücke über die Ems folgt der EmsRadweg gemeinsam mit dem **Hermannsweg**, dem Höhenweg des Teutoburger Waldes, dem autofreien linken Uferweg, von dem aus die nahe Altstadt von **Rheine** 20 schnell erreicht ist.

Ein Highlight sind nördlich der Altstadt die Parkanlagen des **Kloster-Schlosses Bentlage** 21, hier findet man auch den **NaturZoo Rheine** und den frei zugänglichen Salinenpark mit der **Saline Gottesgabe** 22. Die Saline bildet zusammen mit dem NaturZoo Rheine und dem Kloster Bentlage den sogenannten **Bentlager Dreiklang.** Themenwege ziehen sich durch das schöne Garten- und Parkgelände bis zur Ems, entlang der Wege erhält man interessante Einblicke in die Geschichte, Gegenwart und Natur des Parks. Die Wege lassen sich zu schönen Rundgängen kombinieren.

Beim Kloster Bentlage wendet sich der EmsRadweg nach Westen, wir verlassen nun das Münsterland und radeln ins Emsland.

Vom Münsterland ins Emsland

Als **Emsland** bezeichnet man die Auen-, Heide- und Moorlandschaft am Mittellauf der Ems; in über 60 Naturschutzgebieten wird die Tier- und Pflanzenvielfalt der Flusslandschaft geschützt.

Wissenswertes im Gepäck

NaturZoo Rheine

1000 Tiere in 100 Arten

Der NaturZoo Rheine unweit von Schloss Bentlage und der Saline Gottesgabe hat sich zum Ziel gesetzt, dass die Besucher die Tiere hautnah erleben können.

So entstand hier der erste **Affenwald** Deutschlands, wo man auf (fast) freilebende Berberaffen triff. In der **Seevogel-Voliere** trifft man auf watschelnde Pinguine, in der **Feuchtbiotop-Voliere** fliegen Reiher und Ibisse über die Köpfe der Besucher hinweg, über den Sommer lassen sich mehr als 100 frei lebende Weißstörche beobachten. Das Treiben der Gibbons lässt sich von einem Hochstand aus bestaunen.

Rund 100 Arten mit insgesamt 1000 Tieren leben im NaturZoo. Dieser führt das Zuchtbuch und koordiniert u. a. das Europäische Erhaltungszuchtprogramm (EEP) für die seltenen Blutbrustpaviane, von denen hier die größte Zuchtgruppe in einem Zoo lebt.

www.naturzoo.de

Kloster Bentlage

21 *Highlight* am Wegesrand

Kloster-Schloss Bentlage

Vom Kloster zum Schloss

Das von alten Alleen und Laubwäldern umrahmte Kloster-Schloss Bentlage ist das am besten erhaltene gotische Konventsgebäude eines ländlichen Klosters in Westfalen. 1437 wurde am linken Emsufer das **Kreuzherrenkloster** gegründet, nach der Auflösung der Bruderschaft während der Säkularisierung 1803 diente es für 3 Jahre vorübergehend als **Residenz** des Herzogs von Looz-Corswarem in seiner Funktion als Fürst von Rheina-Wolbeck. 1806 wurde es an eine Adelsfamilie übergeben, die das Kloster zu einem Schloss umbaute.

Die Klosterkirche wurde 1828 abgerissen, ihr Grundriss später aber rekonstruiert und für Besucher sichtbar gemacht. 1978 erwarb die Stadt Gebäude und umliegende Ländereien und begann 1990 mit dem Wiederaufbau des Komplexes, der rund 10 Jahre dauerte.

Heute ist das Kloster-Schloss wieder öffentlich zugänglich und wird als „Kulturelle Begegnungsstätte Kloster Bentlage" bewirtschaftet.

Das **Klostermuseum** (in der Kapelle) dokumentiert die Kunst- und Kulturgeschichte Westfalens vom Mittelalter bis zur Gegenwart. Im Erdgeschoss werden Kunstwerke und Dokumente aus dem ehemaligen Kreuzherrenkloster und späteren Schloss gezeigt. Zu den schönsten Exponaten zählen zwei spätmittelalterliche Reliquienschreine. *www.kloster-bentlage.de*

Highlight am Wegesrand 22

Saline Gottesgabe

Das „weiße Gold" von Bentlage

Seit 1000 Jahren wurde in Bentlage Salz gewonnen, eine erste urkundliche Erwähnung geht auf das Jahr 1022 zurück. Damals stiftete die „edle Frau Reinmond" eine Kapelle, deren Pfarrer die Nutzung der Salzvorkommen zugestanden wurde. 1437 übernahmen die Kreuzherren die Kapelle und errichteten an gleicher Stelle ihr Kloster, auch die Salzgewinnung für die Eigennutzung übernahmen sie. Eine erste Blütezeit erlebte die Saline 1601, aus dieser Zeit stammt auch der Name „Gottesgabe".

Der Dreißigjährige Krieg brachte große Zerstörung, ab 1738 wurde die Salinenanlage unter Fürstbischof Clemens August von Münster begründeten Salinen-Sozietät modernisiert, die Leitung übernahm der international bekannte Salinenspezialist Freiherr Joachim Friedrich von Beust, der mit dem fürstlichen Baumeister Konrad Schlaun zusammenarbeitete. Dieser ließ in Bentlage ein fast 300 m langes Gradierwerk mit Schwarzdornzweigen errichten, von diesem blieb allerdings nur der 35 m lange Westteil erhalten. Energie gewann man über den Salinenkanal, der es ermöglichte, die Wasserkraft der Ems bis zur Saline zu führen und hier ein riesiges Wasserrad anzutreiben.

Dank eines neuen Gradierwerks konnte der Salzgehalt der nur schwachprozentigen Sole verbessert werden, ab 1745 war es möglich, im neu errichteten Salzsiedehaus Salz zu sieden. Das wurde über den Max-Clemens-Kanal ins Münstersche Salzmagazin transportiert und von dort weiterverkauft. Ab 1867 wuchs nach der Aufhebung des Staatsmonopols die Konkurrenz, mehr und mehr wurde Salz industriell produziert und dadurch preiswerter. So entschloss man sich zur Eröffnung eines Bade- und Kurbetriebes als weitere Einnahmequelle.

Die Außenanlage – der heutige Salinenpark sowie die im Jahre 2017 neu eröffnete Schausiedepfanne – kann jederzeit besichtigt werden. Das **Salzsiedehaus** mit seinen historischen Siedepfannen, Feuerungsstätten und Salzlagern ist nur im Rahmen einer Führung oder eines museumspädagogischen Programms zugänglich.

Salinenstr. 105
48432 Rheine
Tel. +43 170 585 68 20
www.saline-gottesgabe.de

Mit nur einem kurzen Abstecher zur Ems geht es westlich des Flusses durch Wiesen, Gehölze und Felder nach **Salzbergen an der Ems.**

Die Stadt ist ein bedeutender Standort von Betrieben der Windkraft-, chemisch-pharmazeutischen, Maschinenbau- und Textilindustrie. Vor dem Bahnhof steht als Denkmal die letzte außer Dienst gestellte **Dampflok** 043 196-5 der Deutschen Bundesbahn. Sie wurde 1942 bei Krupp in Essen gebaut und fuhr zuletzt 1977 auf der Strecke zwischen Emden und Rheine. In Salzbergen gibt es zwei Spezialmuseen, ein Feuerwehrmuseum und das **Kutschenmuseum Oldeweme** im Südosten des Ortes, ein privates Museum, das auf Anfrage hin öffnet. 30 Kutschen, umfangreiches Zubehör und zahllose weitere historische Gegenstände zeigt der Sammler auf seinem Hof. Oldeweme bietet auch Kutschfahrten durch die Umgebung von Salzbergen an.

Salz und Mais

Nördlich von Salzbergen geht es wieder in die Emsauen und weitgehend autofrei am Rand der Wälder und Wiesen längs der Emsschleifen und -altarme nach Norden. Einen Halt lohnt das **Bauernhofcafé Husmeier** mit gleich mehreren Attraktionen: Links des Radwegs liegt ein eindrucksvolles Maislabyrinth (Maisirrgarten), rechts des Radwegs hat man die Wahl zwischen einer Runde SwinGolf und dem Besuch der **Salzgrotte Mehringer Heide**. Die Salzgrotte wurde aus ca. 250 Millionen Jahre altem Himalaya-Kristallsalz gebaut, in der man eine mit Salzverbindungen gesättigte und ionisierte Luft einatmet, wie man sie sonst nur am Meer vorfindet. Unterhaltsam ist auch der 10.000 m^2 große **Mais-Irrgarten** auf der anderen Straßenseite. Entlang der 2,4 m breiten Wege (und Sackgassen) finden sich QR-Codes, mit deren Hilfe man Buchstaben für einen Lösungssatz herausfinden kann.

Dort, wo der Radweg nach Passieren einer durchstochenen Emsschleife den Wald verlässt, lohnt an Wochenenden der kurze Abstecher rechts zur **Emsbürener Emsfähre**: Mit der „St. Christophorus MehrLi" hat die Ems seit 2011 eine weitere seilgebundene Personen- und Fahrradfähre. In der Nähe des Anlegers beginnt der **Naturerlebnispfad „Life-Natur-Projekt"**, der an neun Stationen den Lebensraum der Flussauen anschaulich macht. Weiter geht es nordwärts – vorbei am links liegenden **Emsbüren.**

Emsbüren: Stadt der Blumen
Die Stadt ist bekannt für ihren aufwändigen Blumenschmuck im Ortskern. Der 78 m hohe Turm der Andreaskirche, eine gotische dreischiffige Hallenkirche, ist ein beliebter Aussichtsturm – über 204 Stufen führen hinauf. Südlich des Ortskerns liegt auf dem Galgenberg das kleine **Freilichtmuseum Heimathof** 23 mit acht original wiederaufgebauten Fachwerkhäusern, die mit alten bäuerlichen Geräten eingerichtet wurden. Sie spiegeln ein Stück der für den Landstrich typischen Heimatgeschichte wider. Ein Schmuckstück ist auch die **Windmühle Enkings Mühle**. Sie wurde 1802 mit fünf Stockwerken aus Sandstein gebaut. Die Familie Enking schrotet hier Roggen und stellt nach uraltem Rezept ihren berühmten Pumpernickel her. Im Café wird zudem eine Schwarzbrottorte serviert (*www.enking.de*).

Zurück am Radweg geht es zur Straßenbrücke über die Ems, weiter nach **Helschen** und nun wieder nach Norden nach **Gleesen.** Der nur aus wenigen Häusern bestehende Ort liegt zwischen Ems und Dortmund-Ems-

Wissenswertes im Gepäck

Emsbürener Emsfähre „MehrLi"

Sie verbindet die durch die Ems getrennten Ortsteile Mehringen und Listrup und ist wie die Leher Pünte und die Bockholter Fähre ein Highlight am EmsRadweg. Die Fähre bietet Platz für etwa 10 Personen und 10 Fahrräder. Der Fährbetrieb wird vom 1. Mai bis 3. Oktober an jedem Samstagnachmittag von 14 bis 18 Uhr sowie an Sonn-/Feiertagen von 10 bis 18 Uhr angeboten.

Freilichtmuseum Heimathof

Brot und Kräuter

Was heute wie ein kleines Dörfchen mit insgesamt acht Häusern wirkt, baute der Heimatverein Emsbüren am südlichen Ortsrand seit 1974 nach und nach auf. Zuerst wurde das alte Bauernhaus aus dem Jahre 1766 hierher versetzt, dann holte man das etwa gleichaltrige Backhaus dazu. In seinem funktionstüchtigen Ofen können nach vierstündigem Anheizen 65 Brote und anschließend sechs große Bleche Butterkuchen gebacken werden.

Im Laufe der Jahre folgten eine vollständig ausgestattete Schmiede, die regelmäßig genutzt wird, ein Schafstall, eine Wagenremise, eine Scheune, ein Heuerhaus, in dem das Hausmeisterpaar lebt, sowie das Kräuterhaus beim Heilkräutergarten.

Heilkräutergarten
Dieser faszinierende Garten am Hang des Galgenbergs allein ist übrigens einen Besuch wert, denn auf 2.000 m² wachsen hier etwa 200 Heilpflanzen, die im 18. Jh. wichtiger Bestandteil jeder bäuerlichen „Hausapotheke" waren. Frei nach dem Sprichwort „Gegen (fast) jede Krankheit ist ein Kraut gewachsen" erfahren die Besucher hier, wie die einzelnen Heilkräuter wirken und eingesetzt werden können.

Der Bauerngarten am Haupthaus und die weiteren Außenanlagen lassen sich jederzeit kostenlos besichtigen. Wer einen Blick in die komplett eingerichteten Häuser werfen will oder die Schmiede und das Backhaus in Aktion erleben will, sollte Termine und Öffnungszeiten im Auge behalten. Interessant sind auch die Führungen durch den Heilkräutergarten.
www.heimatverein-emsbueren.de/heimathof

Kanal. An der Emsschleife befindet sich ein Yachthafen, an der Gleesener Schleuse liegen ein Gasthof und ein Campingplatz. Kurzfristig verlaufen Ems und Kanal nun gemeinsam.

Der Radweg wechselt ans Ostufer des Kanals und überquert wenig später die Mündung der **Großen Aa**, die hier in die Ems mündet. Wir passieren auf dem weiteren Weg das **Kernkraftwerk Emsland**, umfahren das Benteler Stahlwerk und erreichen wieder den Kanal, passieren das Café Alte Schleuse mit schönem Blick auf die Landzunge Hanekenfähr und den **Emswasserfall** zwischen Kanal und Ems, die hier den Kanal verlässt.

Wir queren den Dortmund-Ems-Kanal und folgen kurzzeitig dem Ems-Vechte-Kanal bis zur ersten Brücke. Zurück an der Ems geht es autofrei entlang des Flusses durch ein Waldgebiet. Im Wald bietet sich nach einem Linksbogen die Möglichkeit, einen kurzen Abstecher zum **Wasserschloss Herzford** 24 (siehe Roadbook) zu machen. Das Schloss südlich von Lingen liegt rund 1,5 km von der Ems entfernt. Da es sich in Privatbesitz befindet, darf das Grundstück nicht betreten werden. Dennoch lohnt sich der Blick von außen auf die herrschaftliche Anlage. Baumeister Gottfried Laurenz Pictorius baute das barocke Herrenhaus, vom bekannten Barock-Baumeister Johann Conrad Schlaun stammen Brückenanlage, Vorburg und Gartenanlagen.

Wenig später erreichen wir die Bundesstraße, orientieren uns nach Osten und queren erneut auf der **Alexanderbrücke** die Ems. Sie ist nach dem heiligen Alexander von Rom († 165) benannt, dessen Reliquien ein Enkel des Freiheitskämpfers Widukind 851 nach Wildeshausen an der Hunte gebracht haben soll. Der Radweg führt nach Osten zum Kanal und folgt die-

Wissenswertes im Gepäck

Emswasserfall

Hanekenfähr an Ems, Dortmund-Ems-Kanal und Ems-Vechte-Kanal ist Lingens südlichstes Naherholungsgebiet. Hier verlässt der Fluss den Kanal, mit dem er sich an der Schleuse Gleesen für einen kurzen, 2 km langen Abschnitt vereinigt hat.

Die Ems wird kurz danach durch ein Wehr aufgestaut, damit eine konstante Wasserhöhe im Kanal gewährleistet ist. Die Stelle, an der die Ems über das Wehr gischtet, wird als **Emswasserfall** bezeichnet.

Ein Fluss – viele Gesichter: die Ems bei Emsbüren...

sem entlang des Westufers ins Stadtzentrum von **Lingen (Ems)** 25.

Größte Stadt des Emslandes

Lingen ist das wirtschaftliche und kulturelle Zentrum der Region und hat einen hervorragend erhaltenen Altstadtkern. Die Stadt liegt an einem alten Emsübergang an der Straße von Bremen in die Niederlande und erhielt 1306 die Stadtrechte. Zwei Museen lohnen besonders den Besuch: das **Emslandmuseum** und das **Theatermuseum für junge Menschen.** Hier finden sich Exponate zur Kulturgeschichte des Theaters, die Bandbreite reicht von Handpuppen über asiatische Schattenfiguren bis hin zum Kinderfernsehen in Form von Drehbüchern.

... und bei Lingen

Highlight am Wegesrand 25

Lingen (Ems)

und das Emslandmuseum

Die gesamte Altstadt mit Marktplatz, Looken-, Marien-, Burg- und Großer Straße sowie dem Universitätsplatz ist als Fußgängerzone ausgewiesen. Lingens Altstadt wurde im Wesentlichen nach dem verheerenden Stadtbrand von 1548 neu errichtet, das **Historische Rathaus** (1555) mit seinem markanten Treppengiebel (1663) ist eines der Wahrzeichen der Stadt, die 1597 von den Vereinigten Niederlanden erobert wurde und 1702 an Deutschland (Preußen) fiel.

Die **Alte Posthalterei**, ein zweigeschossiges Fachwerkhaus mit Walmdach, fungierte am Marktplatz als Lingens Poststelle und beherbergt heute eine Gaststätte. Das **Giebelhaus der Kivelinge** (1583) am Marktplatz ist das älteste Bürgerhaus Lingens.

Östlich des Marktplatzes liegt der Universitätsplatz mit dem Universitätsgebäude (1680, heute Kunstschule des Kunstvereins Lingen), dem Professorenhaus (1685; **Theatermuseum für junge Menschen**, *www.tpzlingen.de*) und der barocken lutherischen Kreuzkirche.

Als schönste Straße Lingens gilt die vom Marktplatz abgehende **Burgstraße**.

Emslandmuseum
Die Geschichte der Stadt Lingen und des südlichen Emslandes vom Mittelalter bis zum Zweiten Weltkrieg ist spannend. Themen des Museums sind u. a. die Grafschaft Lingen unter dem Tecklenburger Grafenhaus, die Festung Lingen in spanischer und holländischer Zeit, die preußische Herrschaft im Emsland, die Eisenbahngeschichte, das christliche und jüdische Leben im Emsland sowie die Zeitgeschichte im 20. Jh.

Im früheren **Kutscherhaus des Palais Danckelmann** widmet man sich der emsländischen Bau- und Wohnkultur. In dem hübschen Fachwerkhaus (1728 erbaut) zeigt das Museum u.a. eine Schlafstube mit einer originalen „Butze“ (Bettschrank). Der Rundgang führt zudem durch ein Barockzimmer, ein Bürgerzimmer (18. Jh.) und ein Biedermeier-Wohnzimmer.
Burgstraße 28B
49808 Lingen (Ems)
Tel. +49 591 47601
www.emslandmuseum.de

Essen, Trinken & Durchatmen

Ein kulinarischer Abzweig

Der **Gasthof Bockholter Emsfähre** liegt in herrlicher Umgebung direkt an der Ems am Fähranleger der gleichnamigen Fähre. Auf der Terrasse können die Emsradfahrer bei einem kühlen Getränk und gutbürgerlicher Küche den Ruderern und dem Fährmann beim Übersetzen zuschauen.

Bockholter Emsfähre
Zur Bockholter Emsfähre 111
48432 Rheine
Tel. +49 5975 9197855
https://bockholter-emsfaehre.business.site/

Das **Café Alte Schleuse** liegt direkt in Hanekenfähr am Dortmund-Ems-Kanal und bietet verschiedene Kaffeespezialitäten, leckeren selbstgebackenen Kuchen und hausgemachtes Brot. Auf dem Hof werden im Frühsommer auch Spargel und Erdbeeren verkauft.

Café Alte Schleuse
An der Schleuse 2
49808 Lingen
Tel. +43 591 91 51 659
www.cafe-alte-schleuse.de

Meppen

Haren

Lingen

9 Schlenker & Highlights

54 **km**

Streckenprofil

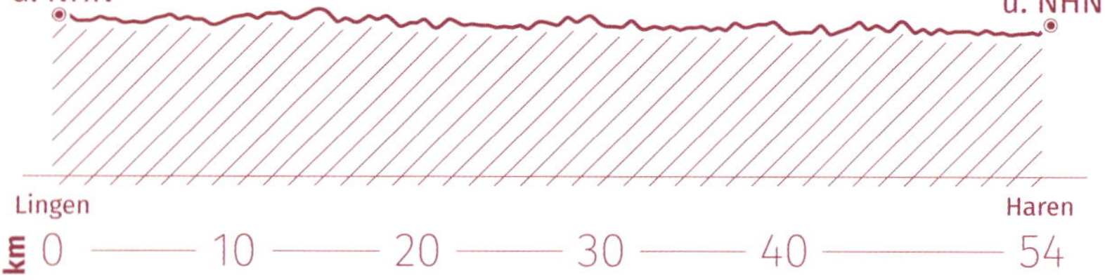

20 m ü. NHN

12 m ü. NHN

Lingen

Haren

km 0 — 10 — 20 — 30 — 40 — 54

Emsländische Auenlandschaft

Von der Lindenbrücke in Lingen folgt der EmsRadweg dem Westufer des Dortmund-Ems-Kanals am Emslandstadion vorbei nordwärts und verlässt den Kanal direkt nach Unterqueren der ersten Straßenbrücke: Durch Wälder und Felder passieren wir das Gelände eines Golfclubs in Altenlingen und folgen danach den Emsschleifen durch die Emsauen. Ein erster Stopp empfiehlt sich am **Geester See** 26. Zwischen Speicherbecken und Kanal geht es am Ostufer, dann am Nordufer entlang zur Hälfte um den See herum. Der See lockt zum Baden, das sich nördlich anschließende kleine Biotop zur Beobachtung von Vögeln.

An der Emsbrücke von Geeste wechselt der Radweg ans linke Ufer und führt teils in den Auen, teils durch die umliegenden Dörfer der Gemeinde Geeste Richtung Norden. Auf Höhe von **Groß Hesepe** bietet sich der Abstecher ins **Emsland Moormuseum Groß Hesepe** 27 an. Südlich des Museums erstrecken sich das **Geestmoor** (mit Aussichtsplattform) und das **Dalum-Wietmarscher Moor** (mit Aussichtshügel).

Das Moormuseum ist eines von acht „Moorpforten" des grenzübergreifenden **Naturparks Bourtanger Moor – Bargerveen,** die Besucherinformation befindet sich in Meppen.

Durch die Emsauen westlich des Flusses ist es nicht mehr weit in die ehemalige **Festungsstadt Meppen** 28, dessen historische Altstadt von der Ems, dem Dortmund-Ems-Kanal und Resten des einstigen Festungsgrabens umflossen wird. Nördlich der Altstadt mündet der Dortmund-Ems-Kanal in den Fluss und folgt ihm für einige Kilometer.

Geester See

Highlight am Wegesrand 26

Geester See

Pack die Badehose ein

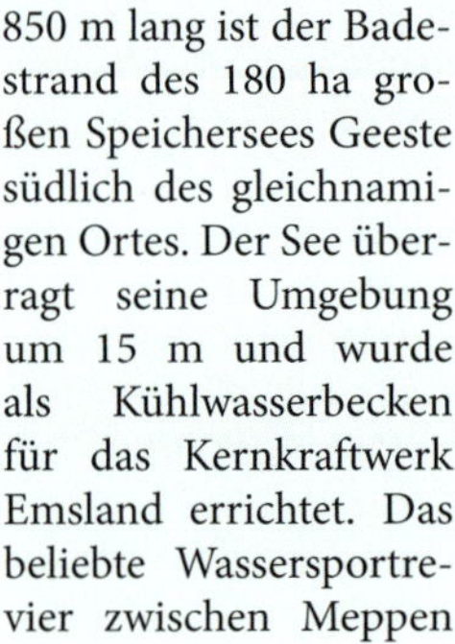

850 m lang ist der Badestrand des 180 ha großen Speichersees Geeste südlich des gleichnamigen Ortes. Der See überragt seine Umgebung um 15 m und wurde als Kühlwasserbecken für das Kernkraftwerk Emsland errichtet. Das beliebte Wassersportrevier zwischen Meppen und Lingen bietet nicht nur die Möglichkeit, zu baden, sondern durch seine Größe auch gute Verhältnisse zu Segeln, Tauchen und Surfen.

Auf der Deichkrone rund um den See führt ein 6 km langer Wanderweg mit schönem Blick über die glitzernde Wasserfläche. An den See grenzt im Norden ein 50 ha großes **Biotop,** wo sich viele Vögel beobachten lassen. Am Yachthafen mit 190 Liegeplätzen kann man mit einem Leihboot in See stechen. Alljährlich finden hier regionale und überregionale Segelregatten statt.

Es folgt nun ein schöner Abschnitt auf dem linken Uferweg des Dortmund-Ems-Kanals, vorbei am Esterfelder Forst zu der Stelle, wo der erste Ems-Altarm links abzweigt. Der Radweg verlässt den Kanal und folgt dem Altarm, schwenkt dann nach Westen und erreicht kurz darauf die von Teichrosen malerisch bedeckte Alte Ems. Hier kann die ehemalige Flussschleife auf einer Landverbindung beim ehemaligen **Versener Wehr** überquert

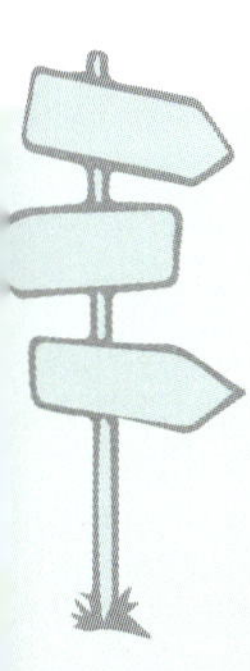

Moormuseum Emsland

In zwei Hallen präsentiert das Moormuseum, das als das führende Moormuseum in Europa gilt, einen faszinierenden Lebensraum. Geschichte, Technik und Natur – das sind die Hauptthemen. Im Mittelpunkt stehen das Moor und seine Besiedelung, die harte und mühselige Bewirtschaftung des abweisenden Lebensraumes. Aber auch moderne Fragen wie der Konflikt zwischen technischem Fortschritt und Naturschutz wird hier anschaulich thematisiert. Eindrucksvoll ist die Siedlerstelle aus den 1930er-Jahren: Auf dem als **„Arche-Hof"** ausgezeichneten „Siedlerhof" leben alte Nutztierrassen aus der Region, darunter das Bentheimer Schaf und das Bentheimer Schwein.

An der Kasse erhält man einen Audioguide und wird in einer unterhaltsamen szenischen Führung von einer Biologin und einem Moormeister aus dem 19. Jh. durch das Museum und das Außengelände geführt. Bei gutem Wetter fährt die **Feldbahn** in der Zeit von Ostern bis Ende Okt.

Geestmoor 6
49744 Geeste/
Groß Hesepe
Tel. +49 5937 70 99 90
www.moormuseum.de

Highlight am Wegesrand 28

Meppen

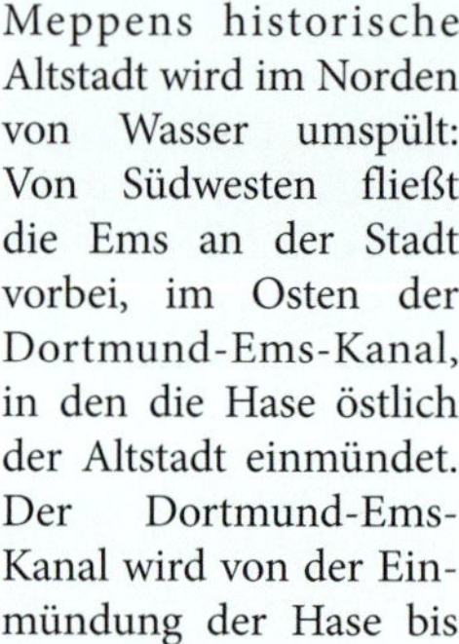

Meppens historische Altstadt wird im Norden von Wasser umspült: Von Südwesten fließt die Ems an der Stadt vorbei, im Osten der Dortmund-Ems-Kanal, in den die Hase östlich der Altstadt einmündet. Der Dortmund-Ems-Kanal wird von der Einmündung der Hase bis zur Mündung in die Ems auch als „Hase" bezeichnet, d. h. die letzten 700 m des Flusses Hase führen als Bundeswasserstraße durch den Kanal. Nördlich der Altstadt folgt der Kanal der Ems.

Wahrzeichen der Altstadt ist das **Historische Rathaus**, dessen Untergeschoss (1408) aus Findlingen errichtet wurde. Seine heutige Gestalt mit der offenen Laube erhielt das imposante Gebäude 1605.

Die **Propsteikirche Sankt Vitus** wird bereits 834 „basilika" genannt und war damals eine Keimzelle bei der

Christianisierung des Emslandes. Die heutige Kirche ist eine dreischiffige spätgotische Hallenkirche.

Auf der Karte sind rund um die Altstadt noch die zickzackförmigen Wälle der Festung Meppen zu sehen, die aus dem Dreißigjährigen Krieg stammen. Die Wälle umziehen heute als grüne Parkanlage die Altstadt.

Ein beliebter Fotospot ist die **Höltingmühle** auf der Landzunge zwischen Dortmund-Ems-Kanal und Hasemündung. Der Wallholländer wurde 1639 im friesischen Bockhorn an der Friesischen Wehde erbaut und 1960 nach Meppen umgesetzt. Die Windrose sorgt automatisch dafür, dass sich die Mühlenkappe in den Wind dreht. In der Mühle befindet sich ein Café.

Das **Ausstellungszentrum für die Archäologie des Emslandes** dokumentiert als archäologisches Museum die Kulturgeschichte der Region Emsland von der Steinzeit bis in das Mittelalter. Das Museum befindet sich unweit der Koppelschleuse: Die historische Hase-Schleuse wurde zwischen 1826 und 1830 gebaut.
An der Koppelschleuse 19
www.archaeologie-emsland.de

Höltingmühle in Meppen

werden – lauschige Plätze laden zu einer Rast unter alten Bäumen ein.

Bei einer Informations- und Raststelle bietet sich ein kurzer Abstecher ins **Naturschutzgebiet Borkener Paradies** 29 an, eine Hudelandschaft, wie sie noch um 1900 vielfach im Emsland zu finden war: Spazierwege führen zwischen knorrigen Buchen, Eichenwäldern und Schlehenbüschen hindurch. An der Stelle des früheren Versener Wehres befindet sich nun der **Aussichtspunkt Borkener Paradies**. Das Wehr wurde 1899 in Betrieb genommen, als im Zuge des Baus des Dortmund-Ems-Kanals alte Emsschleifen durch Wehre verschlossen und neue Wege für das Wasser gegraben wurden. Eines dieser Wehre ist von der Aussichtsplattform aus zu sehen.

Der EmsRadweg führt am Naturschutzgebiet entlang, überquert ein Verbindungsstück zwischen Alter Ems und Dortmund-Ems-Kanal (Rast-

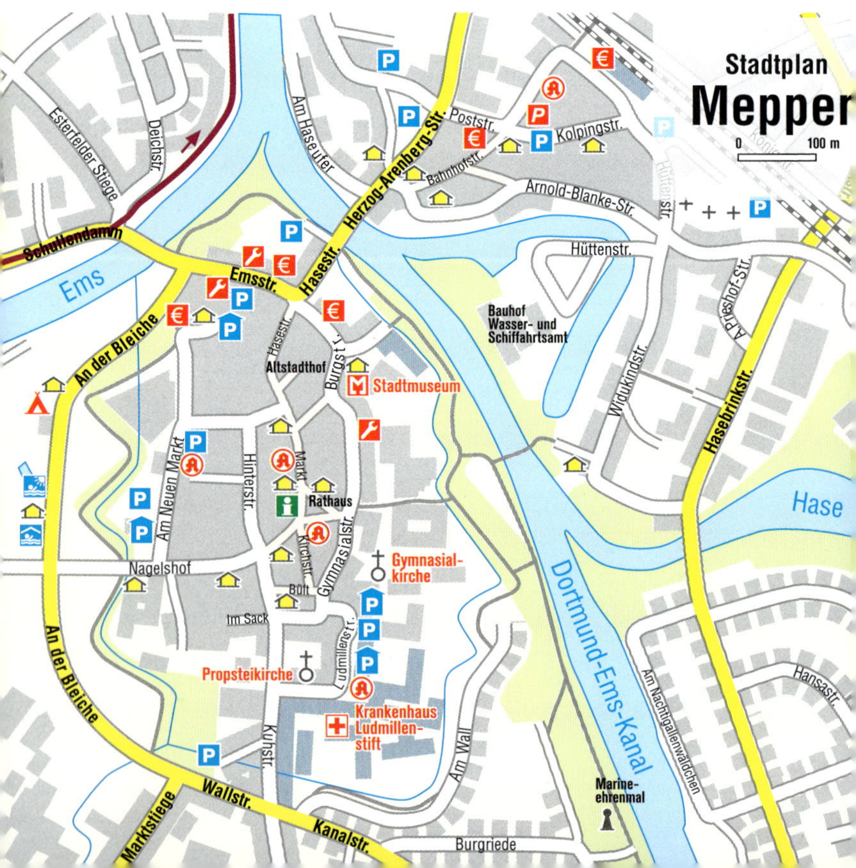

Highlight am Wegesrand 

Borkener Paradies

Vom Ems-Altarm umflossene Hudelandschaft

Mehrhundertjährige Buchen, Auenwald- und Weidebereiche, Verlandungszonen, offene Dünen sowie Magerrasen auf sandigen nährstoffarmen Böden prägen das Borkener Paradies. Wie vor über 100 Jahren wird es auch heute noch von Rindern und Pferden beweidet. Früher durfte jedes Mitglied der Markengemeinde eine bestimmte Anzahl Vieh auf diesem „Allmendegebiet" weiden lassen. Das Borkener Paradies ist Teil der alten Hudelandschaften, von denen im Emsland vergleichsweise viele und ökologisch wie historisch besonders wertvolle erhalten geblieben sind.

Der natürliche Lauf der Ems wurde hier durch Wehre verschlossen, die ehemalige Emsschleife umfließt nun das Geotop Borkener Paradies.

stelle), verläuft dann durch das kleine Dorf Holthausen und erreicht wieder den Dortmund-Ems-Kanal.

Nach Überqueren des Kanals auf der ersten Brücke in Hüntel geht es kurz am Kanal links weiter zur Hünteler Schleuse. Links sieht man den Kühlturm des **Funparks Meppen**: Dieser befindet sich auf dem Gelände des 2000 stillgelegten Gaskraftwerks Hüntel. Auf dem 131 m hohen Kühlturm hat der Schweizer Künstler Christoph Rihs die laut Guinness-Buch der Rekorde größte Weltkarte überhaupt gemalt.

Der EmsRadweg überquert erneut den Kanal und führt, begleitet von botanischen Lehrtafeln, durch eine wunderschöne Feld-, Wiesen- und Gehölzlandschaft, in der Naturidylle lädt eine Schutzhütte zur Rast ein, dann erfolgt auf dem Püntkers Patt längs des Harener Yachthafens der Schlussspurt zur Schleuse an der Mündung des Haren-Rütenbrock-Kanals und zum Anleger des Ausflugsschiffs „Amisia“ in der **Schifferstadt Haren**.

Maritimes Flair
Erstmals schriftlich erwähnt wurde Haren 854 als Haupthof des Klosters Corvey, ab dem 17. Jh. war die Stadt ein Mittelpunkt der **Püntenschifffahrt** auf der Ems, woran heute das **Schifffahrtsmuseum** 30 erinnert.

Wahrzeichen der Stadt ist der als **„Emslanddom“** bezeichnete neubarocke Kuppelbau der Kirche Sankt Martinus (1911). Die schiere Größe be-

Radweg entlang der Ems bei Haren

Pünten

Typisch für die norddeutsche Küste waren die Emspünten – Lastschiffe mit einem Mast, die vor allem für den Tiertransport eingesetzt wurden. Gebaut wurden sie in Haren (Ems) und in Leer.

Die Kähne hatten eine Länge zwischen 17 und 28 m, eine Breite von 4 bis 5 m und eine Seitenhöhe von 1,5 bis 2 m. Damit waren sie über Jahrhunderte die mit Abstand größten Flussfrachtschiffe aus Holz, die zwischen den ostfriesischen Inseln und Münster unterwegs waren. Um 1900 waren noch über 100 Emspünten auf dem Fluss unterwegs, die letzte Pünte baute man 1936.

Der Name des Lastschiffes geht zurück auf das lateinische Wort *pons* für Brücke und deren Ableitung *ponto* (Fähre, flaches Schiff). Zu Beginn wurden die Pünten gestakt, später gesegelt. Die Besegelung war ebenso originell wie das Fahrzeug selbst: So konnte der Mast mit Hilfe eines Bockes bei Brücken oder bei Gegenwind umgelegt werden.

Fahrradpünten – Fährmann haal över

Die älteste noch in Betrieb befindliche handgezogene Pünte bringt Radler und Wanderer in Wiltshausen bei Leer über die Jümme an der Mündung in die Leda. Seilgebundene Emsfähren für Wanderer und Radler sind die Leher Pünte, die Emsbürener Fähre und die Bockholter Fähre. Neben diesen Fähren mit Fährmann gibt es auch Pünten, die die Radwanderer mit eigener Kraft bedienen müssen.

eindruckt: Insgesamt 1.200 Menschen finden in dem 58 m langen Gotteshaus Platz, die Kuppel ist etwa 55 m hoch. Auf dem Friedhof erinnert ein Denkmal an die auf See gebliebenen Schiffer von Haren. Der Hafen ist noch heute Heimathafen für rund 200 Schiffe.

Südlich der Stadt wurde 2007 am Dortmund-Ems-Kanal der zusammen mit Meppen betriebene **Eurohafen Emsland** in Betrieb genommen und an das gemeinschaftlich betriebene Industriegebiet zwischen Meppen-Hüntel und Haren-Emmeln angeschlossen.

Ein weiterer Abstecher führt zum hübschen **Gut Düneburg** 31 (siehe Roadbook), auf dessen Gelände sich heute ein Golfplatz befindet. Der einstige landwirtschaftliche Herrensitz mit Gutsanlage und barockem Garten stammt aus dem 18. Jh. Hier kann man übernachten und im Restaurant einkehren.

30 *Highlight* am Wegesrand

Freilichtmuseum
Schifffahrtsmuseum Haren

Das Schifffahrtsmuseum ist ein Freilichtmuseum am linksemsischen Haren-Rütenbrock-Kanal, das die Schifffahrtstradition der Stadt über die Jahrhunderte dokumentiert.

Vor Anker liegen mehrere Museumsschiffe: Die **Spitzpünte „Helene"** ist ein Nachbau des legendären Schiffs, das um 1900 fünfmal den Atlantik nach Brasilien überquerte. Die **Emspünte „Haren I"** ist der Nachbau einer typischen Harener Pünte, mit der vom Mittelalter bis zum Ersten Weltkrieg Handel zwischen Ostfriesland und dem Münsterland betrieben wurde. Von 1910 stammt der **Dampfschlepper „August"**.

In den Schiffen sind die unterschiedlichsten Ausstattungsstücke und Modelle zu bewundern, vom nautischen Instrumentalmuseum in der „Helene" bis zur Nachbildung eines alten Schleusenladens auf dem Schlepper „August".

Das Museum hat von Mai bis Oktober geöffnet.
Kanalstraße 1
49733 Haren (Ems)
Tel. +49 5932 71313
www.heimatverein-haren-ems.de

Essen, Trinken & Durchatmen

Ein kulinarischer Abzweig

Das **Rathaus Café Meppen** im Erdgeschoss des historischen Rathauses der Stadt begeistert im Sommer mit seiner Terrasse auf dem Platz und stimmungsvollen Räumlichkeiten innerhalb des altehrwürdigen Gebäudes. Auf der Speisekarte finden sich frisch zubereitete regionale Gerichte. Nachmittags locken die frisch gebackenen Kuchen.

Rathaus Café Meppen
Markt 43
49716 Meppen
Tel. +49 5931 845488

Das direkt am Emsufer gelegene **Restaurant „Zur Ems"** ist eine lohende Einkehrmöglichkeit für Radfahrer. Der traumhafte Blick auf die Flusslandschaft lässt sich aus den Innenräumen, besonders aber von der Sonnenterrasse aus genießen. Auf der Karte finden sich Geflügel-, Wild- und Fischgerichte – alles frisch und kreativ zubereitet.

Restaurant „Zur Ems"
Emmelner Straße 2
49733 Haren/Ems
Tel. +49 5932 - 6403
www.zur-ems.com

Pferde und Windmühlen

Die Ems bei Lathen

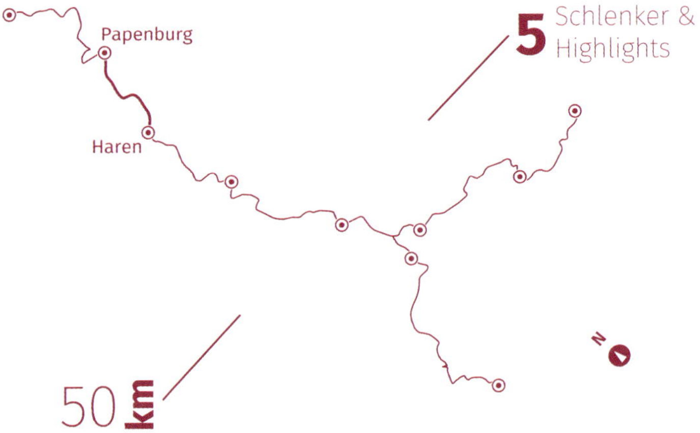

Papenburg

Haren

5 Schlenker & Highlights

50 **km**

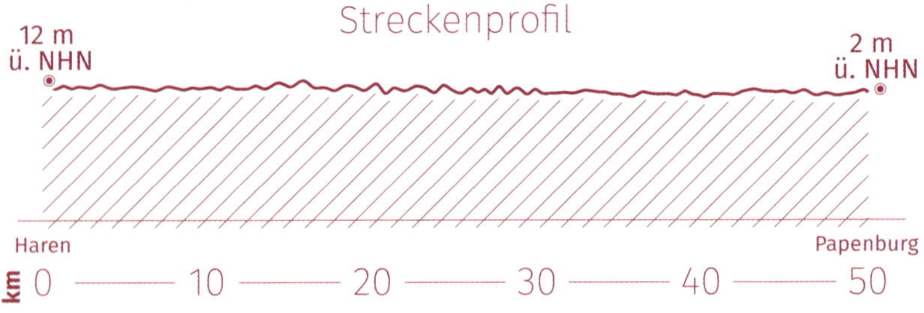

Streckenprofil

12 m ü. NHN

2 m ü. NHN

Haren

Papenburg

km 0 — 10 — 20 — 30 — 40 — 50

Fahrt am Dortmund-Ems-Kanal
Eine herrliche Fahrt erwartet uns auf dieser Etappe, die über weite Strecken unmittelbar am Ufer des Flusses entlangführt.

Vom Anleger des Ausflugsschiffs *MS Amisia* in Haren (Ems) folgen wir zunächst dem Dortmund-Ems-Kanal nordwärts zum Alten Hafen, der heute als Yachthafen genutzt wird, und weiter zum Neuen Hafen. Wir erreichen die Kreuzung beim Mühlenmuseum und können von hier aus einen Abstecher zum 1680 erbauten **Wasserschloss Dankern** 32 machen. Das eindrucksvolle Gebäude ist seit einigen Jahren der Mittelpunkt eines 200 ha großen Freizeitareals. Der **Dankernsee** lädt mit seinem langen Sandstrand am Nordufer zu einer Badepause ein.

Zurück an der Kreuzung erwartet uns die **Mersmühle** mit dem Harener **Mühlenmuseum** 33. Die Kappenwindmühle, die 1825 errichtet wurde, ist der Mittelpunkt eines Gebäudeensembles, das neben der Windmühle weitere Gebäude umfasst, darunter das Müllerhaus mit einer Ausstellung.

Zunächst geht es noch auf der Westseite des Flusses entlang. Nach Überqueren eines Altarms der Ems erreichen wir einen Vogelbeobachtungsturm an der Ems, folgen dem Ufer zum Campingplatz, der auf einer kleinen Emsinsel liegt, und überqueren die Ems auf dem Wehr. Wir befinden uns nun auf der größeren Emsinsel, die im Westen von der Ems, im Osten vom Dortmund-Ems-Kanal umschlossen wird. Auf der Insel befindet sich der Reiterhof Junkern-Beel und so überrascht es nicht, dass man auf der Fahrt zum Kanal auf Pferde trifft.

Wir verlassen die Insel über die **Schleuse Hilter**, die bis 2015 für

Lohnenswerter Schlenker 32

Wasserschloss Dankern

Das barocke Wasserschloss westlich von Haren blickt auf eine über 500 Jahre alte Geschichte zurück. Von den Kriegsereignissen des Zweiten Weltkrieges blieb Dankern verschont. Allerdings wurde das Schloss und Gut für einen Zeitraum von fast drei Jahre (bis 1948) für viele Harener Bürger eine zweite Heimat: Alle Harener Einwohner mussten innerhalb weniger Stunden ihre Häuser verlassen und fanden hier eine Zuflucht. Haren war von der englischen Militärregierung für die polnischen Rückwanderer beschlagnahmt worden. Um die wirtschaftliche Grundlage für die Erhaltung des Schlosses zu schaffen, gründete der Besitzer Manfred Freiherr von Landsberg-Velen 1970 das Ferienzentrum Schloss Dankern. Seine Idee war, Familien mit Kindern einen erschwinglichen Urlaub bieten zu können. Heute ist das Schloss ein Ferien- und Freizeitzentrum am Dankernsee, einem Bade- und Wassersportsee mit kilometerlangem Sandstrand. Hier findet man Ferienhäuser in unterschiedlicher Ausstattung, das Freizeitgelände ist auch für Tagesbesucher zugänglich.

Ferienzentrum Schloss Dankern
49733 Haren (Ems)
Tel. +49 5932 72230
www.schloss-dankern.de

Wissenswertes im Gepäck

Polnische Besatzungszone

Aus Haren wird Maczków

Am 20. Mai 1945 befehlen die britischen Befehlshaber den Einwohnern von Haren, sofort die Stadt zu verlassen. Knapp 1.000 Familien – insgesamt etwa 5.000 Personen – müssen damit von heute auf morgen ihre 514 Häuser verlassen und versuchen, bei Verwandten und Freunden oder in eilig errichteten Notunterkünften in den umliegenden Dörfern unterzukommen. Das Meiste von ihrem Hab und Gut müssen sie zurücklassen, lediglich Wertsachen und Kleidung dürfen mitgenommen werden. Drei Jahre wird Haren zum polnischen Maczków.

Die polnische Besatzungszone war zwischen 1945 und 1948 ein Sondergebiet innerhalb der Britischen Besatzungszone, ihr Verwaltungszentrum die Stadt Haren. Innerhalb der Zone lag ein Lager für Displaced Persons, das von der polnischen Exilregierung verwaltet wurde. Auch andere Orte, darunter Teile von Papenburg und Friesoythe, mussten von der deutschen Bevölkerung geräumt werden. Das Straßendorf Völlen wurde nicht evakuiert, sondern stattdessen geteilt: Hier erfolgte die Trennung der Bevölkerungsgruppen entlang der Straßenmitte: Auf der östlichen Seite lebte fortan die deutschstämmige Einwohnerschaft, in die leer geräumten Häuser auf der westlichen Straßenseite zogen Polen ein.

Die neue, polnischstämmige Bevölkerung setzte sich aus 30.000 Flüchtlingen, vor allem ehemalige Häftlinge der Emslandlager, und 18.000 Soldaten zusammen. Die durch die polnische Exilregierung verwaltete Besatzungszone im Emsland war für die Sowjetunion jedoch nicht tolerierbar. Deshalb verlangte diese von den Briten, sie aufzulösen.

Premierminister Winston Churchill ging nicht auf diese Forderungen ein, sein Nachfolger Clement Attlee erkannte die Volksrepublik Polen jedoch an und hatte nun das Ziel, Flüchtlinge so rasch wie möglich zur Rückkehr in ihr Heimatland zu bewegen. Auf Veranlassung der britischen Regierung begann ab dem Herbst 1946 die Verlegung erster polnischer Truppenverbände aus dem Emsland nach Großbritannien, wo sie aufgelöst wurden. Am 10. September 1948 verließen die letzten Soldaten das Gebiet.

Maczków erhielt am 10. September 1948 seinen ursprünglichen Namen Haren zurück.

Highlight am Wegesrand 33

Mersmühle
und Harener Mühlenmuseum

Auf dem Mühlenberg nördlich von Haren erhebt sich die Mersmühle, eine Kappenwindmühle von 1825. Umgeben ist sie von einem kleinen Freilichtmuseum, das das Müllerhaus (1829), ein Backhaus (1809), eine Fachwerkscheune, eine Motormühle, einen historischen Brunnen, eine Wagenremise mit Stellmacherwerkstatt sowie einen emsländischen Bauerngarten mit altem Baumbestand umfasst.

Mühlenmuseum
Das Museum wurde unter dem Thema: „Säen – Ernten – Mahlen – Backen" und „Vom Korn zum Brot" auf- und ausgebaut. Im **Müllerhaus**, einem typischen niederdeutschen Hallenhaus, sieht man eine originalgetreue Inneneinrichtung, die die frühere Wohn- und Arbeitssituation der Müllerfamilie zeigt. Das Obergeschoss enthält eine Sammlung von Nachbauten aller Mühlentypen. Insgesamt sind im Mühlenmuseum 50 Originalmühlen und Mühlenmodelle zu sehen. In unregelmäßigen Abständen wird im Backhaus noch Brot im alten Steinofen gebacken.
Landegger Str. 75
49733 Haren (Ems)
www.heimatverein-haren.de

8 Mio. Euro saniert und modernisiert wurde und zwei Kammern hat. Der Radweg folgt nun dem **Leinpfad** entlang des Kanals nach Norden.

Aber bevor wir ihm folgen, empfiehlt sich noch der Abstecher zur **Hilter Mühle** 34 (siehe Roadbook) mit einem Gasthof und Café. Die Mühle liegt im Südwesten des Naturparks Hümmling auf dem 34 m hohen Hilterberg (nach emsländischen Maßen ein richtiger Berg!). Die Mühle besitzt zwei funktionstüchtige Mahlgänge und einen Pellgang. Wer die Innenräume besichtigen will, kann in der benachbarten Gaststätte „Zur Hilter Mühle“ um den Schlüssel bitten.

Naturpark Hümmling
Dunkle Wälder, weite Moor- und Heideflächen, Wacholderhaine, liebenswerte Bauerndörfer und Großsteingräber prägen den eiszeitlichen Geestmoränenrücken östlich des Emstals zwischen der Hase im Süden und dem Küstenkanal (Dörpen) im Norden. Höchste Erhebung ist der 73 m hohe Windberg. 40 % des Naturparks sind unter Schutz gestellt. Der Ems-Radweg verläuft von Meppen bis Lathen entlang der südwestlichen Parkgrenze.

Der EmsRadweg folgt dem Kanal bzw. der Ems bis zum Sportboothafen Lathen und führt dann am Campingplatz Lathener Marsch (mit Badesee) vorbei in den Ort **Lathen**, der wie Haren und Hilten am Rand des Naturparks Hümmling liegt.

Nördlich des Ortes erreichen wir wieder den Kanal, in den von links ein Altarm der Ems einmündet. Am anderen Ufer liegt der Lathener Ortsteil **Fresenburg**. Sowohl der alte Burgort Fresenburg als auch die Tingstätte Düthe etwas weiter nördlich liegen auf der „Insel“ zwischen Kanal und Ems und sind nur von Osten her über Brücken erreichbar.

Die Hallenkirche St. Vitus in Lathen

Rado – romantischer Altarm der Ems

Nun geht es wieder unmittelbar am Ostufer des Kanals entlang, am anderen Ufer liegen Fresenburg und Düthe. Vorbei an der **Düther Schleuse** radeln wir am Wasser entlang in den Weiler **Steinbild**, nach der Kirche queren wir den Kanal, umfahren den Campingplatz Cremering und den Marinapark Emstal unweit von Walchum. Der Park bietet 150 Bootsliegeplätze und Ferienhäuser, die meist einen eigenen Anleger am Kanal haben.

Emsauen-Idyll

Am linken Ufer geht es weiter durch die Auen-, Wald- und Wiesenidylle, hinter dem nächsten Emsaltarm erlaubt ein Aussichtsturm den Blick von oben, wenig später liegt links der idyllische **Ems-Altarm Rodo** am Weg: Die Rodo-Halbinsel zwischen dem Kirchdorf Dersum und dem Dortmund-Ems-Kanal zählt zu den schönsten Abschnitten des Landschaftsschutzgebiets Emstal. Die Ems bildete an dieser Stelle eine Schleife, die beim Kanalbau durchstochen wurde; längs des Altarms entstand in den folgenden Jahrzehnten eine urwüchsige Wasser- und Naturlandschaft mit Auwäldern und Wiesen. Wildschwäne brüten hier in großer Zahl. Wer die Halbinsel erkunden möchte, sollte das Rad stehen lassen, der Rundwanderweg ist nicht für Räder geeignet.

An der Abzweigung Richtung Rodo-Halbinsel finden sich Infotafeln an einer Unterstellhütte, gegenüber mündet der **Küstenkanal** ein. Der 70 km lange Kanal verbindet die Hunte in Oldenburg mit dem Dortmund-Ems-Kanal. 13 km westlich von Oldenburg durchsticht er in Friedrichsfehn die Wasserscheide zwischen Weser und Ems. Im Wechsel von Wald und Wiesen folgt der geschotterte Radweg dem Westufer des Kanals zur Schleuse Bollingerfähr und erreicht dahinter den ausgeschilderten Abzweig nach **Heede**.

Wallfahrtsort

Heede liegt zwischen Kanal und dem Heeder See. Der bekannte Marien-Wallfahrtsort war im Mittelalter durch seine Nähe zum Groningerland und der schiffbaren Ems ein wichtiger Markt sowie Handels- und Verkehrsknotenpunkt. Zu den Sehenswürdigkeiten des Ortes zählen die gotische Petruskirche und die moderne Marienwallfahrtskirche. Die Berichte von vier Heeder Mädchen über Marienerscheinungen auf dem Friedhof und die Reaktionen des NS-Regimes machten Heede 1937–1940 zu einem Symbolort christlichen Widerstands gegen die nationalsozialistische Diktatur.

Das Naherholungsgebiet **Heeder See**, ein beim Autobahnaushub entstandener Baggersee, ist mit seinem 700 m langen Sandstrand das örtiche Wassersportparadies der Einheimischen und der niederländischen Nachbarn. Sie können hier Baden, Schwimmen, Surfen und Tretbootfahren. Wenige Minuten später erreicht der Radweg den **Rastplatz Alter Heeder Utladeplatz**: Ein Gedenkstein neben Bänken und Tischen erinnert daran, dass Heede einst an der Ems einen eigenen Schiffsanlegeplatz hatte, wo Frachter ihre Ladung löschen konnten.

Leher Pünte

Links des Radwegs liegt ein alter Emsarm, das **Naturschutzgebiet Achterberge.** Unweit der (nördlichen) Stelle, wo der Altarm beim Kanalbau abgetrennt wurde, befindet sich die Schutzhütte der Seilzugfähre Leher Pünte. Vom 1. Mai bis zum 3. Oktober bringt der „Püntker“ (Fährmann) Radler und Wanderer an Sonn- und Feiertagen von 10 bis 18 Uhr mit Muskelkraft von einem Ufer zum anderen. Der 1899 eröffnete Kanal schnitt Lehe von den Achterbergen – dem Grünland links der Ems – ab, die Bauern gelangten nur noch mit der Pünte zu ihren Ländereien. In den 1960er-Jahren wurde der Fährbetrieb eingestellt, die heutige Pünte ist ein Nachbau der historischen (*www.leher-puente.de*).

Während der folgenden Wiesenfahrt nimmt der Kanal die Goldfischdever

Highlights am Wegesrand 36

Papenburg

Von Torfstechern zu Schiffsbauern

Die Papenburger Kanäle hatten viele Funktionen: Über sie wurde das Land entwässert, sie waren Verkehrs- und Transportwege, auf denen der im Moor abgebaute Torf abtransportiert wurde. Diesen tauschte man z. B. in Ostfriesland gegen Ton und Ziegel ein. Das Leben der Kolonisten verbesserte sich so allmählich. Gegen Ende des 18. Jh. hatten viele Papenburger einen Arbeitsplatz im Schiffsbau.

Gebaut wurden verschiedenste Schiffstypen: Schoner, Brigg, Bark, Tjalk, Prahm, Schuten und Muttschiffe. Zur Blütezeit des Werftwesens gab es in Papenburg 23 Werften. Auf einer längs des Kanals errichteten „Helling“ wurden die Schiffe auf Kiel gelegt.

Hauptkanal mit dem Museumsschiff „Fredericke von Papenburg“, rechts das Rathaus

Das **Haus „Bid Klamphauer“** – Werkstatt und Wohnhaus eines ehemaligen Schiffzimmerermeisters – erinnert mit seiner Helling an diese Zeit. 1768 wurde das Sieltor verbreitert – nun stand den Kapitänen der Seeweg zu fernen Kontinenten und Hafenstädten offen. Papenburg wurde eine bedeutende Seefahrerstadt. Aus einfachen Muttschiffern wurden Hochseekapitäne, aus den Torfstechern Werftbesitzer und Schiffsbauer, die ihren Reichtum in Form schmucker Kapitänshäuser entlang der Kanäle zur Schau stellten.

Schifffahrtsmuseum Papenburg

In den Kanälen der Stadt, besonders am Hauptkanal, finden sich zahlreiche Schiffsnachbauten alter Papenburger Schiffe, die hier vor Anker liegen. Die sechs Museumsschiffe prägen das Stadtbild Papenburgs und bilden zusammen ein einzigartiges Freilicht-Schifffahrts-Museum.

Auf der **Brigg „Friederike von Papenburg“** vor dem Rathaus ist die Tourist-Information untergebracht. Vor der Bockwindmühle ankert der **Teeklipper „Katharina von Papenburg“.**

„Kuff Margaretha von Papenburg“

Die Bockwindmühle in Papenburg

Altes Amtshaus
Das Alte Amtshaus am „Hauptkanal rechts 13" im Stadtteil Untenende ist das älteste Gebäude der Stadt. Hier findet man das Heimatmuseum und ein Café.
www.museen.de/heimatmuseum-papenburg.html

Papenburger Zeitspeicher
„Vom Moor zum Meer" heißt der Ausstellungsteil im ersten Obergeschoss des **Papenburger Zeitspeichers**, ein Besucherinformationszentrum der Stadt. Hier erzählt Stadtgründer Dietrich von Velen über das Werden und den Wandel Papenburgs: von den ersten Moorkolonisten über den Kanalbau, der die Stadt mit der Ems und dem Meer verband, bis hin zu den historischen Werften und dem hochmodernen Schiffsbau.
Ölmühlenweg 21
Tel. +49 4961 83960
www.museen.de/zeitspeicher-papenburg.html

Bockwindmühle
Die Windmühle an der Wiek ist nicht nur eines der Wahrzeichen der Stadt, sondern auch eine der letzten ihrer Art im Emsland. Bei dieser Mühlenart wird der gesamte Mühlenkörper in den Wind gedreht. Eine Besonderheit dieser Mühle ist, dass sich ihre Flügel nicht – wie allgemein üblich – gegen, sondern mit dem Uhrzeigersinn drehen.

Eine zweite Windmühle, der **Galerie-Holländer Meyers Mühle von 1888,** steht unweit des Hauptkanals.

Wissenswertes im Gepäck

Fehnkolonie Papenburg

Von Torfstechern zu Schiffsbauern

Papenburg ist die längste und älteste Fehnkolonie Deutschlands – Gründungsvater ist der emsländische Drosten Dietrich von Velen. Er hatte Siedler angeworben, die 1631 damit begannen, durch das Graben von Kanälen das unwegsame Moorgelände rund um die geplante Siedlung zu entwässern.

Die Siedler erhielten damals an den von ihnen gegrabenen Kanalstücken eine Plaatze, ein 80 m breites und 500 m langes Stück Land. Vererbt werden durfte das geschenkte Stück Land aber nur dann, wenn die Nachkommen ihrerseits wieder ein Kanalstück gegraben hatten. So entstand über die Jahrhunderte ein 42 km langes Kanalnetz, dem die Emshafenstadt noch heute ihre einzigartige Atmosphäre verdankt.

Das **Torfstechen** war mühsam: Die Siedler stachen von Mai bis August fast täglich ein „Dagwark“ Torf, etwa 12.000 Torfstücke. Der tropfnasse Torf wurde auf einer Karre oder kleinen Kipploren in den „Slag“ gekarrt, wo er zum Trocknen aufgeringt wurde. Mit Hilfe einer „Kreite“ trug man ihn später auf die Torfschiffe.

Freilichtmuseum Von-Velen-Anlage

Gehaust wurde in fensterlosen, einfachen Hütten aus Birkenstämmen, Reisig und Heideplaggen. In der Mitte der **Kate** befand sich die Kochstelle, die Brandgefahr war groß. Die Einrichtung der Heidekaten war bescheiden: Eine Schlafbutze, ein grob gezimmerter Tisch, eine Holzbank, manchmal ein Regal für das Kochgeschirr und Holzkisten für die Kleidung waren alles. Mensch und Vieh, Schafe, Ziegen und Hühner teilten sich den Wohnraum. Viele Familien mussten 8 bis 13 Kinder ernähren. Nässe, Kälte, Krankheiten und Hunger sorgten für eine hohe Sterblichkeit. Oft dauerte es mehrere Generationen, bis die Kolonisten von ihrem Stück Land leben konnten (siehe Zitat).

Von-Velen-Anlage
Das sehenswerte Freilichtmuseum zeigt neben einfachen Katen auch das um 1820 herum gebaute **Papenbörger Hus,** ein altes Ackerbürger- und Kapitänshaus, das sich diejenigen bauen konnten, die es wirtschaftlich geschafft hatten.

Splitting rechts 56
26871 Papenburg
Tel. +49 4961 73742
www.von-velen-anlage.de

„Den ersten sien Dod,
den Twedden sien Not,
den Dridden sien Brot!"

Das Schicksal vieler Kolonistenfamilien mit großer Kinderschar:
„Dem Ersten sein Tod, dem Zweiten sein Not,
dem Dritten sein Brot"

auf, wechselt an der **Schleuse Herbrum** ans Ostufer und erreicht die ersten Häuser von **Aschendorf.**

Tidenems

Das Wehr in Herbrum markiert seit 1899 die südliche Grenze der Tidenems, der Tidenbereich der Ems ist über 100 km lang. Als mittleren Tidenhub werden 3 m angegeben, hat die Tidenems Niedrigwasser, ist sogar eine Gezeitenwelle möglich. Bis zur Mündung der Leda in die Ems ist der Ems-Ästuar noch schmal wie ein Fluss, danach weitet er sich aus.

Auf nach Papenburg

Der EmsRadweg schwenkt landeinwärts nach Aschendorf zum sehenswerten **Gut Altenkamp** **35** (siehe Roadbook). Der im holländisch-norddeutschen Barockstil erbaute Gutshof von Papenburg wurde zwischen 1728 und 1732 errichtet und innen üppig ausgestattet. Im Herrenhaus residierte der emsländische Drosten. Heute werden die Räumlichkeiten des Gutshauses für kultur- und kunsthistorische Ausstellungen genutzt. Lohnenswert ist auch der Spaziergang durch die barocke Gartenanlage mit den über 200 Jahre alten Taxushecken, hier finden Konzerte und öffentliche Veranstaltungen statt.

Auf dem Weg ins Papenburger Zentrum liegt noch ein weiterer Park, der besucht werden kann. Im Ortsteil Untenende liegt der **Volkspark Bokel**. Inmitten weitläufiger Grün- und Wasserflächen lädt er zu ausgedehnten Spaziergängen und gemütlichen Picknick an einem der zwei Seen ein.

Venedig des Nordens

Papenburg **36** liegt im nördlichen Emsland an der Tideems an der Grenze zu Ostfriesland – die größte **Fehnkolonie** Deutschlands wird auch das „Venedig des Nordens" genannt. Hier werden seit Jahrhunderten Schiffe gebaut, heute ist die Stadt vor allem als Standort der **Meyer Werft** bekannt.

Im Papenburger Ortsteil Untenende stößt der EmsRadweg auf den Hauptkanal, einer von mehreren Kanälen und Wieken im Kanalsystem von Papenburg. Der 400 Jahre alte Hauptkanal ist die zentrale Lebensader der Stadt und wird von Geschäften, Restaurants und Cafés gesäumt. Einen traumhaften Überblick über die Kanalstadt bietet der **Alte Turm** (1848), ein Nachbau des Leuchtturms von Riga an der Umländer Wiek rechts im Stadtteil Obenende.

Wo sich früher am Ölmühlenweg unweit des **Alten Amtshauses** die Meyer Werft befand, vereint das **Forum Alte Werft** heute Stadthalle, Galerie und Theater. Die Kombination aus alter Industriekultur und modernster Veranstaltungstechnik sorgt für ein unvergessliches Erlebnis: Regelmäßig finden hier Musicals, Konzerte, Theateraufführungen und Kongresse statt. Am Ölmühlenweg befindet sich auch die **Interaktive Erlebnisausstellung Papenburger Zeitspeicher**, die die Besucher dank modernster Multimediatechnik auf eine unterhaltsame Zeitreise in die Geschichte der Stadt mitnimmt.

Essen, Trinken & Durchatmen

Ein kulinarischer Abzweig

Das **Gasthaus Düther Schleuse** an der gleichnamigen Schleuse ist Restaurant, Kneipe und Biergarten in einem. Je nach Tageszeit empfiehlt sich eine Tasse Kaffee mit Apfelkuchen, ein leckerer Original-Hamburger oder ein gutes Steak. Alles wird mit frischen Zutaten zubereitet. Vermietet werden auch einfache Zimmer.

Gasthaus Düther Schleuse
Zur Schleuse 2
49762 Fresenburg
Tel. +49 5933 647628
www.vakantieaandesluis.nl

Das am Hauptkanal gelegene **Fischhaus Smutje** blickt auf eine Geschichte zurück, die bis ins 19. Jh. reicht, lag das Gasthaus doch gegenüber der alten Meyerwerft. Der Begriff „Smutje" leitet sich aus der alten Seefahrt ab – dort betitelt man einen Koch an Bord eines Schiffes mit Smutje. Heute ist es ein angesehenes Restaurant für Fischspezialitäten.

Fischhaus Smutje
Hauptkanal links 14
26871 Papenburg
Tel. +49 4961 992028
www.smutje-papenburg.de

Entlang der Unterems

Ditzum

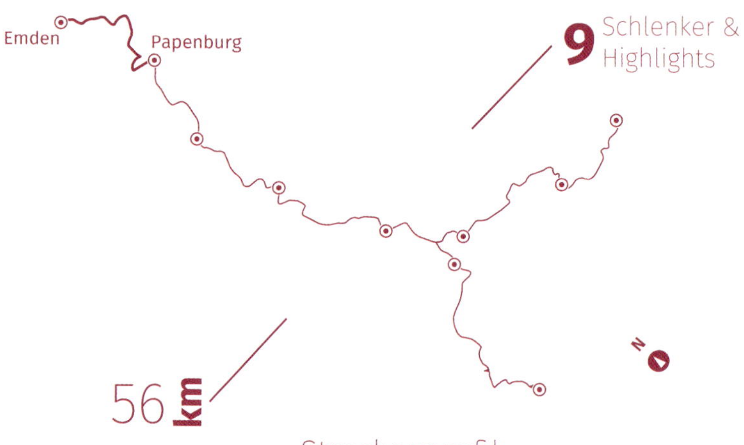

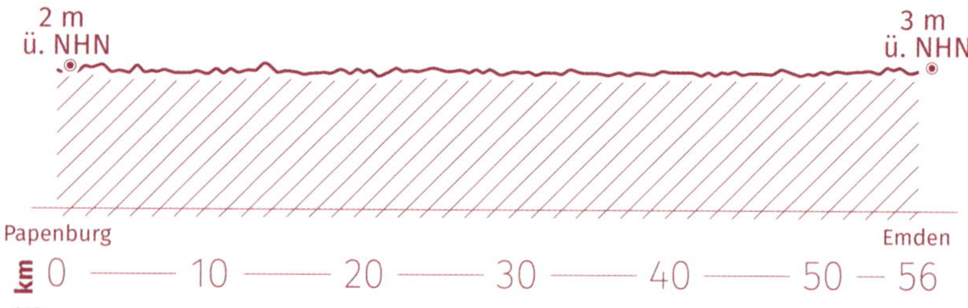

durch Ostfriesland

Vom Bahnhof Papenburg ist es nicht weit zu einem der größten Sehenswürdigkeiten der Stadt, der Meyer Werft. Vor dem Besuch der Werft ist aber noch ein attraktiver Abstecher entlang des Ostufers der Ems in den kleinen, direkt am Fluss gelegenen Warftenort Mitling Mark mit dem **Mühlenensemble Mitling Mark** 37 möglich. Wer am Vortag schon die Werft besichtigt hat, fährt von der Windmühle noch etwas weiter flussaufwärts und setzt dann mit der **Friesenfähre Westoverledingen** nach Weener über.

Die Routenführung ist gut gewählt: Vorbei an der Marina des Papenburger Yachtclubs queren wir erst die **Seeschleuse Papenburg**, dann die **Dockschleuse Papenburg** (Papenburger Sielkanal) und fahren am Nordkai des Werfthafenbeckens Richtung Emsbrücke. Dort halten wir uns links, um am Parkplatz vorbei zum **Besucherzentrum der Meyer Werft** 38 zu fahren. Die seit 225 Jahre bestehende Werft der Papenburger Familie Meyer zählt zu den größten und modernsten Werften weltweit. In den gigantischen Dockhallen werden in siebter Generation Kreuzfahrtschiffe gebaut, bisher rund 50 Luxusliner. Besonders spektakulär ist die Überführung auf der Ems zum Dollart bei Emden: Dafür muss die Ems aufgestaut werden, es darf kein Niedrigwasser herrschen. Schlepper ziehen die Ozeanriesen rückwärts bis Emden, erst dann beginnen sie mit eigener Kraft zu fahren.

Neue Kilometrierung

Bei der Werft beginnt auch die Kilometrierung der **Seeschifffahrtsstraße Unterems** mit 0, sie endet bei Km 67,7 am Beginn der Außenems an der Linie Eemshaven – Pilsum; die 500-m-Marken sind durch Schilder mit dem Zeichen + ausgewiesen.

Mühlenensemble Mitling-Mark

Ostfriesische Emsromantik

Das direkt am Emsdeich gelegene Warftendorf begeistert mit vielen historischen Häusern, seiner reetgedeckten Mühle, unzähligen Schafen, viel Deich und gastfreundlichen Menschen. Vom Deich genießt man einen herrlichen Ausblick – nicht nur auf die Ems und das gegenüberliegende Flussufer, sondern auch auf die historische Holländerwindmühle. Bereits im 16. Jh. hatte hier eine Bockwindmühle gestanden, 1843 errichtete man nach einem Brand die einstöckige Galerieholländermühle mit Steert.

Innen ist alles original erhalten. Frei nach dem Motto „vom Korn zum Brot" werden die Gäste im Backhaus in die Geheimnisse der Brotbackkunst eingeweiht. Das benachbarte **Müllerhaus** wird nun als Museum genutzt. Eine Sammlung von über 800 Küchengegenständen aus dem letzten Jahrhundert unter dem schönen Namen „Omas Küche" lässt so manchen nostalgisch werden.

Marker Mühlenweg 2
26810 Westoverledingen – Mitling-Mark
Tel. +49 4951 8872
www.westoverledingen.de

Meyer Werft Papenburg

Luxusliner gehen auf große Fahrt

In den Docks der Werft gehen die Träume von Millionen Kreuzfahrtreisender in Erfüllung: Die schönsten Luxusliner für die weltweit berühmtesten Reedereien werden hier gebaut, u. a. für Weltmarktführer Carnival mit der AIDA-Flotte oder Royal Caribbean Cruises Ltd. Die Erfolgsgeschichte begann 1886 mit dem Stapellauf der *Homeric*, dem ersten Kreuzfahrtschiff der Werft, inzwischen wurden schon über 40 Ozeanriesen vomkleinen Papenburg die Ems entlang in die große, weite Welt hinausgeschickt. Radfahrer können ganz individuell die Erlebnis-Ausstellung besuchen. Hier erfährt man, wie die neuesten und modernsten Ozeanriesen gebaut werden und erlebt den Hightech-Schiffsbau so nah wie sonst nur selten auf der Welt! Es gibt insgesamt neun Ausstellungsbereiche mit Originalobjekten, darunter vier Balkonkabinen moderner Kreuzfahrtschiffe, außerdem eine gigantische „Schiffsschraube" und 20 beeindruckende Schiffsmodelle. Eindrucksvoll ist auch der Blick in eine der gigantischen Dockhallen. Interaktiv lässt sich die Entwicklung des Papenburger Schiffsbaus von den ersten primitiven Torfkähnen bis hin zu den modernen Kreuzfahrtschiffen nachvollziehen und man erkennt die Bedeutung der Werft für die Region.

Ticket Hotline:
+49 4961 83690
www.besucherzentrum-meyerwerft.de

Spektakuläre Überführung der Kreuzfahrtschiffe von der Werft nach Emden

Am anderen Emsufer erreichen wir das im ostfriesischen **Rheiderland** liegende **Halte**, ein Ortsteil von Weener. Ab hier verlaufen EmsRadweg und Internationale Dollard-Route parallel. Auf Höhe des Restaurants „Reiherhorst“ befindet sich der **Aussichtspunkt** am Dreiländereck von Rheiderland, Emsland und Ostfriesland.

Nach Passieren der weitläufigen Glashäuser von Halte erreichen wir bei der **Deichschäferei Nesseborg** den Deich. Ihm folgen wir nordwärts, links ist der Kirchturm von Stapelmoor (dort steht auch ein Galerieholländer von 1909) zu sehen, am gegenüberliegenden Ufer grüßt die **Windmühle von Mitling-Mark** 37. Kurz darauf kommt auch am anderen Ufer der Anleger der **Friesenfähre Westoverledingen** in Sicht, sie ist derzeit für die Einheimischen die einzige Möglichkeit, vom Ostufer der Ems nach Weener zu gelangen. Vorbei an der kaputten **Friesenbrücke** geht es ins Emshafenstädtchen **Weener** 39 (siehe Roadbook).

Die Stadt ist die einzige Stadt im deutschen Teil des Rheiderlandes zwischen Ems und Dollart. Bei der Fahrt durch die Hafenstadt liegt links des Radwegs die **Georgskirche,** die einen kleinen Kirchenschatz birgt: eine der Orgeln des berühmten Orgelbauers Arp Schnitger. Sie ist ein Spätbau von 1709/10, an dem bereits seine Söhne mitbauten. Sie ertönt im Klang der Barockzeit und genießt in Fachkreisen Weltgeltung. Links der Norderstraße erhebt sich auch das älteste Wohngebäude der Stadt, das **Frone Haus** – gegenüber zeigt die **Ostfriesische Orgelakademie Organeum** 40 eine

Wissenswertes im Gepäck

Friesenfähre Westoverledingen

Ersatz für die zerstörte Friesenbrücke

Die eingleisige, nicht elektrifizierte Eisenbahnbrücke mit seitlichem Geh- und Radweg über die Ems verband bis 2015 die Dörfer links der Ems mit der ostfriesischen Stadt Weener. Am Abend des 3. Dezember 2015 rammte ein Frachtschiff den geschlossenen Klappteil der Friesenbrücke, verschob die Aufbauten um mehrere Meter und machte einen Neubau notwendig. Seit November 2021 läuft der Abbruch, der Neubau startet im Frühjahr 2022. Die neue Brücke soll voraussichtlich 2024 in Betrieb gehen.

Für Fußgänger und Radfahrer steht im Sommerhalbjahr vom 1. April bis Oktober ersatzweise eine gratis nutzbare Fähre zur Verfügung.

www.westoverledingen.de/tourismus/service/friesenfaehre

bedeutende Sammlung historischer Tasteninstrumente. Wenig später zweigt links die Straße zum **Heimatmuseum Rheiderland** ab, das einen Einblick in die Stadtgeschichte gibt.

Zu den beliebtesten Fotomotiven der Stadt zählen die **Törfwieven** (Torffrauen) am Westende des Alten Hafens. Der malerische **Alte Hafen** wurde 1570 angelegt und wird von Bürger- und Kleine-Leute-Häusern sowie alten Speichergebäuden umrahmt. Auch hier drängen sich die Fotografen, um die vor Anker liegenden Traditionsschiffe zu fotografieren. Viele haben hier ihren Heimathafen – historische Binnenschiffe genauso wie See-, Segel- oder Motorschiffe. Dazu kommen immer wieder in- und ausländische Traditionsschiffe, die in Weener einen Stopp einlegen. Am Ostende des Alten Hafens legt die **Friesenfähre** an.

Coldam – Kunst am Deich

Der EmsRadweg folgt weiter dem Deichfuß, vorbei an kleinen Höfen

Highlights am Wegesrand 

Ostfriesische Orgelakademie
Organeum Weener

Die prunkvolle, 1870 gebaute großbürgerliche Weener Stadtvilla beherbergt eine exzellente Sammlung spielbereiter historischer Tasteninstrumente, die in den historischen Räumen der Villa ganzjährig vorgeführt werden.

„Organon“ ist das griechische Wort für Werkzeug-Instrument. In den Räumen werden ganz unterschiedliche Tasteninstrumente vorgestellt, darunter Orgeln, Cembali, Clavichorde, Harmonien und Tafelklaviere.

Die Wahl des Standortes im ostfriesischen Weener könnte treffender nicht sein, liegt die Stadt doch inmitten einer einzigartigen Orgellandschaft. Auf der ostfriesischen Halbinsel finden sich noch rund 150 individuell gebaute Instrumente aus sieben Jahrhunderten – Vertreter der niederländischen, norddeutschen und westfälischen Orgelbautradition. Die italienische Orgel in Rhede, die französische Barockorgel im nahen Stapelmoor und die englische Orgel in Jemgum bilden das Ensemble der Europäischen Orgelstraße an der Ems.

Norderstraße 18
26826 Weener
Tel. +49 4951 912203
www.organeum-orgel-akademie.de

Wissenswertes im Gepäck

Die Törfwieven von Weener

1853 hatte der Gemeindeausschuss ein „Torfreglement" beschlossen, das das Ausladen und den Verkauf des Torfes regeln sollte. Weener war damals ein wichtiger Torfhafen: Rund 800 Torfschiffe (Muttjes) landeten jährlich über 6000 Pferdefuhrwerke (Fuder) Torf an. Auf ein Fuder passten damals 45 prall gefüllte Körbe Brenntorf.

Und genau hier kamen die „Törfwieven" zum Einsatz: Sie füllten den Torf in die Körbe, die dann auf die Pferdefuhrwerke verladen wurden. Das war Schwerstarbeit: Zunächst wurden 100-l-Körbe zur Hälfte gefüllt, dann geschüttelt und anschließend komplett befüllt. Ein Torfaufseher überwachte das korrekte Befüllen, zu dem sich die Törfwieven per Handschlag verpflichtet hatten. Die Arbeit war Teamarbeit. Zwei Frauen füllten den Torfkorb, eine dritte übernahm das Hintragen und Absetzen des gefüllten Torfkorbes auf die Hafenkaje, eine vierte packte den Korb aufs Fuhrwerk.

Im Alten Hafen wurde den „Törfwieven" ein Denkmal gesetzt, der Künstler Karl-Ludwig Böke schuf die Figurengruppe bewusst mit einer älteren und einer jüngeren Frau nach Gesprächen mit einer Frau, die Anfang der 1950er-Jahre als Achtzehnjährige mit ihrer Mutter und Großmutter als „Törfwiev" gearbeitet hatte.

und Weilern nach **Coldam**, wo sich der kurze Abstecher den Deich hinunter zum **Beobachtungsturm Coldam** lohnt. Von hier aus hat man auch einen guten Blick auf die Einmündung der Leda in die Ems. Ebenfalls lohnt sich der Besuch des **Kunstzentrums Coldam**, wo das Ehepaar Maas seine faszinierenden Glasobjekte im Garten und der hauseigenen Galerie im alten Haus ausstellt (www.kunstzentrumcoldam.com).

Eindrucksvolle Klappbrücke

Schließlich erreichen wir die ersten Häuser von **Bingum** (Stadtteil von Leer). Hier steht rechts am Deich die **Fahrrad-Skulptur „Balance"**. Vom Rastplatz aus kann man den Schiffen zuschauen, die vor der **Jann-Berghaus-Brücke** warten, bis sich diese öffnet. Für den Besuch von Leer queren wir die Ems auf der Klappbrücke, die die Leeraner Stadtteile Leerort und Bingum verbindet und zu den größten Klappbrücken Mitteleuropas zählt. Da die Kreuzfahrtschiffe aus Papenburg, die über die Ems zur Nordsee gezogen werden, immer größer werden, musste die Klappbrücke 2008–2010 verbreitert werden. Auf der Ostseite der bestehenden Brückenklappe (Basküle) wurde ein Strompfeiler abgebrochen und näher am Ufer neu errichtet und darauf eine zusätzliche, kleinere Brückenklappe installiert. Die Durchfahrtsbreite wurde durch diesen „Umbau" auf etwa 56 m verbreitert.

Ein Bummel durch die engen, von bunten Backsteinhäusern des 16.–19. Jh. gesäumten Gassen zu den Kirchen und dem Alten Rathaus verzaubert jeden Besucher. Gleichzeitig ist **Leer (Ostfriesland)** 41 aber auch der bedeutendste Industrie- und Handelsstandort Ostfrieslands.

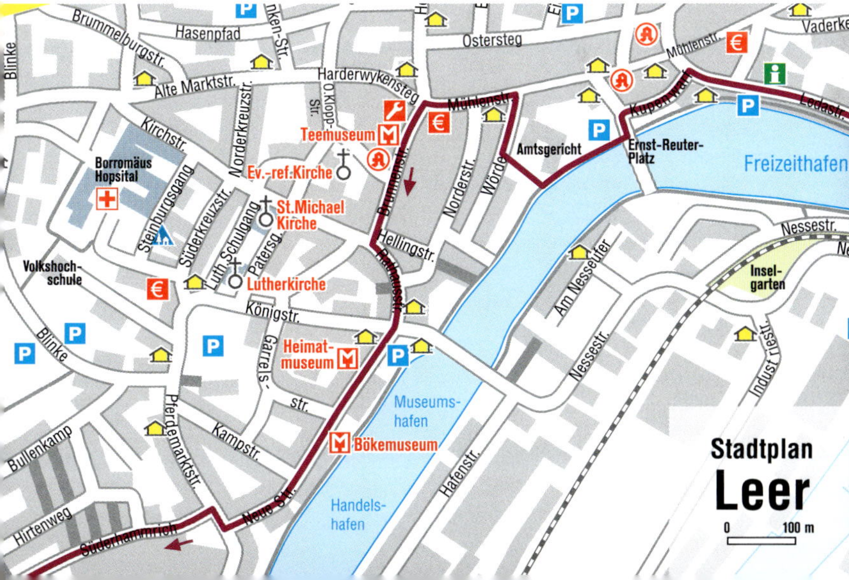

Hafen von Leer (Ostfriesland), dahinter die Alte Waage und der Turm des Rathauses

Leer (Ostfriesland)

Die Hafenstadt an der Ems und ihrem Nebenfluss Leda verzaubert mit einer hübschen Altstadt. Diese liegt am **Freizeit- und Museumshafen**, der durch Abschneiden einer Ledaschleife entstand; dank der Seeschleuse Leer sind die Leedaner Häfen tideunabhängig. Eine 82 m lange Fußgängerbrücke (Nessebrücke) überspannt den Freizeithafen.
www.leer.de

Den **„Museumshafen unner d' Rathuustoorn"** findet man an der ältesten Schiffsanlegestelle der Stadt – **„An't Över bi de Waag"**. Hier liegen historische Schiffe (u. a. ein Torfschiff, ein Schlepper und ein Besan-Ewer) für immer vor Anker. An der Uferpromenade erheben sich auch die zwei bekanntesten Gebäude der Stadt: das im deutsch-niederländischen Renaissancestil erbaute **Alte Rathaus** (1894) mit dem markanten Rathausturm und die barocke **Alte Waage** (1714). Vom Hafen aus starten diverse **Hafenrundfahrten** und Fahrten auf der Leda und der Ems.

Bünting Teemuseum
Teetrinken folgt in Ostfriesland ganz eigenen Regeln und ist dem Ostfriesen heilig. Das Teemuseum dokumentiert

die Geschichte, Herstellung und die Handelswege des „schwarzen Goldes", gibt einen Einblick in die ostfriesische Tradition des Teetrinkens und die Kulturgeschichte des Tees.
Brunnenstraße 33
Tel. +49 491 9922044
www.buenting-teemuseum.de

Haus Samson: ostfriesische Wohnkultur
Das Amsterdamer Giebelhaus zählt seit 1643 zu den Schmuckstücken der Altstadt. Im Erdgeschoss befindet sich eine Weinhandlung, darüber wird die ostfriesische Wohnkultur in umgebauten ehemaligen Speicherböden zum Leben erweckt.
Rathausstr. 18
Tel. +49 491 925230
www.wein-wolff.de/ueberwolff_museum/

Heimatmuseum
Die Räume befinden sich in zwei angrenzenden Handelshäusern aus dem 18. Jh. Den thematischen Schwerpunkt bildet die ostfriesische Wohnkultur und die Lebens- und Arbeitswelt der Menschen in und um Leer. Auch der Stadtgeschichte sind Räume gewidmet.
Neue Str. 12-14
Tel. +49 491 2019
www.heimatmuseum-leer.de

Schloss Evenburg
Leers barocke Wasserburg findet man knapp 3,5 km östlich vom Museumshafen. Auf das Schloss führt von Westen eine Allee zu. Die Ausstellung im Schloss zeigt zum einen das Leben und Wirtschaften einer Adelsfamilie, das zweite große Thema ist die Gartenkultur in Ostfriesland. Über 4 Jahrzehnte wurde ab etwa 1860 an der Evenburg ein in Nordwestdeutschland führender Gartenbaubetrieb aufgebaut. Im Schlosspark wachsen uralte Bäume.
Am Schlosspark 25
Tel. +49 491 99756000
https://evenburg.landkreis-leer.de/

Wasserschloss Evenburg

Die Jann-Berghaus-Klappbrücke in Leer (Ostfriesland)

Zurück vom Besuch der Leeraner Altstadt und ihrer Sehenswürdigkeiten halten wir uns an der ersten Weggabelung rechts. DEK-Radroute, Nordseeküsten-Radweg und Internationale Dollard-Route verlaufen nun wieder längs des Emsdeichs. Oben auf der Deichkrone laden Sitzbänke zur Rast ein, der Blick fällt über den Campingplatz und Bootshafen Marina Bingum hinweg zur **Emsinsel Bingumer Sand**.

Kurz darauf erreichen wir das **Großsoltborger Sieltief**. Noch vor dem Siel sehen wir links das Vogelbeobachtungsgerüst am **Soltborger Kolk**. Hier lassen sich am kleinen See verschiedene Entenarten (Schnatter-, Löffel-, Reiherenten), aber auch Zwergtaucher beim Brüten beobachten. Für die Seeschwalben gibt es extra Nesthilfen in Form von Brutflößen auf dem Kolk (Teich). Beim **Soltborger Schöpfwerk** wechselt der Radweg wieder auf den autofreien Asphaltweg landseitig des Emsdeichs.

Herrliche Deichfahrt

Aussichtsreich führt der Weg in den Hauptort der Rheiderland-Gemeinde **Jemgum**, dessen Kirchturm und Windmühle schon von weitem sichtbar sind. Die Kirche überrascht durch ihr Inneres: Mit ihrer flachen bemalten Decke, den Vorhängen an den hohen Fenstern und dem Teppichboden verströmt es die Atmosphäre eines Wohnzimmers. Die im Jugendstil erbaute Kirche ging aus einer mittelalterlichen Klosterkapelle hervor. Der leuchtturmartige Kirchturm (1846) mit einem Segelschiff als Wetterfahne ist das Wahrzeichen des Ortes.

Ein Blickfang ist auch die **Jemgumer Windmühle (1756)**, ein schmucker zweistöckiger Galerieholländer mit Reetdach. Von der Galerie bietet sich ein schöner Blick auf den Ort, die Ems und das Reiderland. Am Emsufer befinden sich eine Gaststätte und eine Badestelle. Weiter geht es auf dem aussichtsreichen Asphaltweg, nach

Jemgum lohnen sich auch die kurzen Abstecher in die folgenden Dörfer. **Midlum** ist ein rundes Warftdorf, dessen Ursprung auf das Jahr von Christi Geburt zurückgeht. Die Kirche, um die sich die Häuser scharren, wurde 1200 errichtet. Wahrzeichen des Ortes ist der wohl älteste Glockenturm Ostfrieslands aus dem 13. Jh. Der freistehende „Turm" der evangelisch-reformierten Kirche ist 14 m hoch und mit einem Neigungswinkel von 6,74 Grad schiefer als sein berühmtes Pendant in Pisa.

An der Kreuzung, an der es links nach Midlum geht, sieht man rechts die zwei Schornsteine des **Ziegeleimuseums** 42. 24 Ziegeleien gab es zur Blütezeit entlang der Ems – das Rheiderland war reich an Lehmvorkommen. 1814 wurden zwischen Bingum und Hatzum jährlich 2,5 Mio. Ziegelsteine und 2,2 Mio. Dachziegel hergestellt.

Auch **Critzum** ist ein kreisrundes Warfdorf, Zentrum des Dorfes ist die Wehrkirche, dessen einstiger Graben noch heute in Teilen die Kirche umschließt. Anschließend queren wir das **Coldeborger Sieltief** und fahren vorbei an der Emsinsel Hatzumer Sand nach **Hatzum**. Im folgenden Rechtsbogen hat man einen schönen Blick auf den Yachthafen von Oldersum am rechten Emsufer, wo der Ems-Seitenkanal abzweigt. Vom Deich bis zum Wasser erstreckt sich nun das **Naturschutzgebiet Nendorper Deichvorland**. Hier stehen Brackwasserröhrichte, Salzwiesen, Priele und extensiv genutztes Grünland unter Schutz. Die Emsidylle unterbricht aber schon bald das **Emssperrwerk Gandersum** 43.

Bilderbuchort Ditzum

Zu den bekanntesten Ausflugszielen im Rheiderland und am Dollart zählt **Ditzum** mit seinem hübschen Emshafen an der Einmündung des

Windmühle von Jemgum

Ditzum-Bunder Sieltiefs. Klinkergassen, schmucke Backsteinhäuser, zahlreiche Fischrestaurants und Aalräuchereien prägen das Ortsbild. Zu den Wahrzeichen des Ortes zählen der einem Leuchtturm nachempfundene **Glockenturm** (1846) neben der romanischen Kirche und der **Galerieholländer** von 1883.

Bevor wir mit der kleinen Fahrradfähre nach Petkum am rechten Emsufer übersetzen, machen wir zunächst noch über Pogum einen Abstecher entlang des **Dollart** zur **Bohrinsel** **44**. Auf den angrenzenden Salzwiesen lassen sich hervorragend Weißwangengänse (Nonnengänse) und Graugänse beobachten.

Highlights am Wegesrand

Ziegeleimuseum Midlum 42

Rauchende Schlote entlang der Unterems... Bis zu 26 Ziegeleien reihten sich im 19. und 20. Jh. wie Perlen auf einer Schnur entlang der Ems. Daran erinnert die ehemalige Ziegelei Cramer im Vordeichgelände von Midlum. Zwei Schornsteine weisen den Weg, im Museum beeindrucken der mächtige Ringofen (der durchschritten werden kann) und die Galerie mit ihren Holzklappen zum Lüften und Trocknen der Ziegelrohlinge. Das Museum zeigt teils noch funktionstüchtige Maschinen sowie eine Sammlung historischer Pfannen und Ziegel. Der Ziegeleiverein Jemgum kümmert sich rührig um die Anlage; Führungen sind nach Anmeldung möglich. *www.ziegelei-midlum.de*

Emssperrwerk Gandersum 43

Wer einen Blick auf das Sperrwerk werfen will, kann bei Nendorp den Wegweisern zu einem Aussichtspunkt folgen. Die Hauptdeiche beiderseits des Flusses liegen über 1000 m auseinander, dazwischen baute man das Emssperrwerk mit seinen sieben Durchflussöffnungen.

Küstenschutz und Staumöglichkeit
Für den Bau des mächtigen Walls aus Stahl und Beton gab es zwei Gründe: Bei **Sturmfluten** mit Wasserständen höher als NN +3,70 m (2 m höher als das mittlere Tidehochwasser) wird das Sperrwerk geschlossen und die Flut kann nicht weiter flussaufwärts vordringen. Dieser Fall tritt im Schnitt alle zwei Jahre einmal ein. Der zweite Grund ist wirtschaftlicher Natur: Dank des Sperrwerks können nun Schiffe mit einem Tiefgang von 8,50 m die offene See erreichen. Dazu wird die Ems bis auf maximal NN +2.70 m

Über die Ems

Zurück in Ditzum nehmen wir die **Fähre nach Petkum**, sie führt über die Ems und folgt dann dem Petkumer Siel durch das **Petkumer Deichvorland**, einem für die Vogelwelt wichtigen Rast- und Brutgebiet, zum Hafen Petkum. Die Fahrt dauert 15 Minuten, die Fähre verkehrt von März bis Oktober stündlich und transportiert neben wenigen Autos vor allem Fahrräder.

Petkum, der östlichste Stadtteil von Emden, liegt idyllisch im Deichvorland zwischen Ems und Ems-Seitenkanal. Vom Aussichtsgerüst auf dem Sielwärterhaus hat man einen schönen Blick über die Ems auf die „Skyline" von Ditzum; stromabwärts zeigt

aufgestaut. Erlaubt ist das nur in den Wintermonaten, da während der Brutzeit das Vorland zum Schutz der Gelege und Jungenaufzucht nicht geflutet werden sollte. Alle Technikinteressierten, die an einer Führung teilnehmen oder das Besucherzentrum in Gandersum besichtigen möchten, können von Petkum aus ein Stück flussabwärts nach Gandersum radeln.

Die Besichtigung wird von der Touristik GmbH Südliches Ostfriesland organisiert und durchgeführt.

Anmeldung:
Tel. +49 491 91969617
www.ostfriesland.de/mein-ostfriesland/ferienorte/moormerland/interessantes/emssperrwerk.html

Blick flussabwärts auf das Emssperrwerk, links Gandersum

Beobachtungsturm Kiekkaast an der Mündung der Westerwolder Aa (13 km südlich der Bohrinsel): Blick über den Dollart Richtung Emden

Lohnenswerter Schlenker 

Bohrinsel Zum Ende der Welt

Was sich wie ein ungewöhnlicher Name für eine Aussichtsplattform anhört, ist tatsächlich einmal eine Bohrinsel südlich von **Dyksterhusen** gewesen. Die weit in die Meeresbucht Dollart hineinreichende Insel erreicht man über einen schmalen Schotterweg, der jedoch bei starker Flut schon mal überspült werden kann. Hier wurden 1964 Probebohrungen nach Erdgas durchgeführt und Gasvorkommen entdeckt. Die Ausbeutung erwies sich jedoch als unwirtschaftlich, sodass der Bohrturm wieder abgebaut wurde. Auf der Insel finden sich Bänke, ein Fernrohr sowie Infotafeln des Nationalparks Wattenmeer, der hier über Flora und Fauna am Dollart informiert.

Dollart aus der Flut geboren

Die 90 km² große Meeresbucht im Mündungsästuar der Ems erstreckt sich zwischen dem deutschen und niederländischen Rheiderland sowie Emden. Das bedeutende Vogelrast- und Brutgebiet wird jährlich von unzähligen Hobbyornithologen besucht, die von den Rheiderland-Deichen aus Nonnen- und Graugänse beobachten; auch Seehunde lassen sich hier blicken. Bei Niedrigwasser fallen etwa 78 % der Dollartfläche als Watt trocken. Zwischen Watt und Seedeich erstreckt sich im Westen, Süden und Osten ein Saum aus 100 bis 1.200 m breiten Vorländern. Das Wasser des Dollarts ist Brackwasser, eine Mischung aus salzhaltigem Nordseewasser und Süßwasser aus den Zuflüsse des Dollart. Der deutsche Teil des Dollart gehört seit 2000 zum Nationalpark Niedersächsisches Wattenmeer.

Versunkenes Torum

An windstillen Abenden soll aus dem Meer ein trauriges Geläute zu hören sein: Der Legende nach sind es die Glocken der versunkenen Stadt Torum (hinter Pogum direkt an der Emsmündung). Wo heute Wasser ist, befanden sich im Mittelalter 30 Dörfer, drei Klöster und die wohlhabende Stadt Torum.

Meereseinbrüche

Mit der Sturmflut 1277 begann der Einbruch des Dollart. Große Landverluste verursachte **1362** die **Marcellusflut**, weitere Sturmfluten setzten das Zerstörungswerk fort. Die **Cosmas- und Damianflut** im September **1509** verschlang 500 km² Land. Noch 100 Jahre später sollen bei Niedrigwasser und anhaltendem Ostwind Trümmer und Gebäude zu sehen gewesen sein, Fischer fanden Goldstücke und Münzen. Durch Einpolderungen wurde ab 1545 dem Dollart viel Land abgerungen.

1723 legten die Niederländer im Dollart die Grenze zum Reichsfürstentum Ostfriesland fest, diese Linie bildet bis heute die (umstrittene) Grenze zu Deutschland.

sich das Emssperrwerk, am Fuß des Deichs erstreckt sich das Petkumer Deichvorland. Der Ort feierte 2006 sein 1200-jähriges Bestehen. Das Sieltief bestand bereits um das Jahr 1600 und wurde später begradigt. Es fließt zum Petkumer Siel, das in den kleinen Hafen entwässert. Das alte Siel ist das größte Gewölbesiel an der ostfriesischen Küste und wurde in den Jahren 1857/58 erbaut. Der Radweg führt an der St.-Antonius-Kirche vorbei, die

Hafen von Ditzun

aus dem 13. Jh. stammt. Nach der Fahrt durch den Ort folgt der Radweg kurzzeitig der Landstraße nach Emden, um nach den Ortsteilen Widdelswehr und Jarßum zurück zur Ems abzubiegen.

Wissenswertes im Gepäck

Petkumer Deichvorland

Das ehemalige Naturschutzgebiet (jetzt Teil des NSG „Unterems“ zwischen Jarßum und Bingum) und Vogelschutzgebiet an der Ems erstreckt sich zwischen dem Emssperrwerk und dem Borssumer Siel mit weitem Blick auf den Dollart.

Ab September lassen sich hier Schwärme von Watvögeln und Enten beobachten, über die Wintermonate füllen Gänse hier ihre Fettreserven auf, ehe sie im Frühjahr den Rückflug in ihre Brutgebiete im Norden Europas antreten. Dann beginnen die Sommervögel mit ihrem Brutgeschäft und in den Wiesen finden sich Rotschenkel, Uferschnepfe, Kiebitze, Austernfischer und Säbelschnäbler ein.

Am Deich entlang geht es zum **Borßumer Siel**, wo der Borßumer Kanal in die Ems einmündet. Das Sieltor wird überquert und der letzte Kilometer in Angriff genommen. Eine weite Aussicht auf den **Dollart** bietet der Emsdeich zwischen Borssum, dem Emder Außenhafen und der Knock.

Rechts beginnt der **Hafen Emden**, vorbei am Windrad erreicht man die **Ostmole** mit schönem Blick über den Außenhafen auf den Leuchtturm auf der Westmole. Nach dem Überqueren der **Großen Seeschleuse** folgen wir der Beschilderung des Radwegs weiter zur **Nesselander Schleuse**. Noch vor dieser biegen wir jedoch wieder nach Süden ab und folgen der Straße bis zum **Fähranleger**: Hier endet der EmsRadweg.

Emden – reich an Wasserwegen
Zurück an der Nesselander Schleuse folgt man der Beschilderung ins Zentrum von **Emden** 45. Von der mittelalterlichen Altstadt blieb durch Bombenangriffe wenig erhalten.

Die Stadt wird von einem Netz aus 150 km Wasserwegen durchzogen, die in Europa einmalige **Kesselschleuse** (Vier-Kammer-Schleuse, 1887) verbindet vier Stadtteile und vier Wasserstraßen: den Emder Stadtgraben im Norden und das Fehntjer Tief im Süden, den Ems-Jade-Kanal im Osten und seine Verbindung zum Falderndelft. Der Wasserspiegel des Ems-Jade-Kanals und seiner stadtseitigen Verbindung zum Falderndelft liegt 2,25 m höher als der des Emder Stadtgrabens und des Fehntjer Tiefs. Der runde Kessel hat

Das alte Siel in Petkum

Lohnenswerter Schlenker 

Emden

Viele Museen und eine Windmühle

Kunsthalle Emden
Kunstfreunde werden sich auf die bundesweit bekannte Kunsthalle Emden freuen. Das Museum der klassischen Moderne zeigt u. a. Arbeiten der Brücke, des Blauen Reiters, Expressionismus, der Neuen Sachlichkeit und der Bauhausära.
Hinter dem Rahmen 13
Tel. +49 4921 97500
www.kunsthalle-emden.de

Museumsschiffe
1635 erbaute der Emder Stadtbaumeister Martin Faber das Hafentor, die Einfahrt zum mittelalterlichen Hafen, dem heutigen Ratsdelft. Hier liegen drei Museumsschiffe vor Anker: ein Feuerschiff, ein Seenotrettungskreuzer sowie ein Heringslogger.
Georg-Breusing-Promenade 1

Ostfriesisches Landesmuseum
Das Museum zeigt seine Sammlung im Rathaus am Delft (Haupthaus) und in den **Pelzerhäusern 11+12** (Sonderausstellungen): Die Pelzerhäuser sind die einzig erhalten gebliebenen Renaissance-Bürgerhäuser an der mittelalterlichen Pelzhändlerstraße im Altstadtbereich.
Rathaus:
Brückenstraße 1
Pelzerhäuser 11 und 12:
Pelzerstraße 11/12
www.landesmuseum-emden.de

Bunkermuseum
Emden zählte Ende des Zweiten Weltkriegs zu den am stärksten zerstörten Städten Europas. Bereits am 13. Juli 1940 erfolgte der erste Bombenangriff auf die Seehafenstadt, an der eine Einflugschneise der alliierten Bomber ins Reichsgebiet unmittelbar vorbeiführte. Aus diesem Grund wurden zahlreiche Bunker er-

richtet. Beim schweren Angriff am 6. September 1944 wurde die Innenstadt fast völlig zerstört; nur die Bunker retteten vielen Menschen das Leben. In einem dieser Bunker beschäftigt sich

das Museum mit der Geschichte Emdens im Zweiten Weltkrieg.
Holzsägerstraße 6

Vrouw Johanna
Die Windmühle auf dem Emder Stadtwall ist ein dreistöckiger Galerieholländer von 1804 und eine der wenigen Mühlen, die noch mit Windkraft mahlen können. Die Mühle wurde als Durchfahrtholländer errichtet: So konnten Pferdefuhrwerke in die Mühle fahren, um dort in der Mühle das Getreide abzuladen.
Am Marienwehrster Zwinger
www.emdermuehlenverein.de

einen Durchmesser von 33 m und dient unter anderem als Schiffswendeplatz.

Der **Ratsdelft** vor dem Emder Rathaus bildet den Mittelpunkt der Stadt, obwohl er längst seine alte Funktion als Hafen verloren hat. Im Delft ankern Museums- und Restaurantschiffe, an der Delfttreppe legen die Schiffe für die Hafenrundfahrt ab, im Rathaus sind das **Ostfriesische Landesmuseum** und die Rüstkammer untergebracht, auf der Westseite des Delfts liegt das historische Hafentor. Bei klarer Sicht lohnt die Besteigung des **Rathausturms**: Hier bietet sich ein eindrucksvoller Blick auf die Emder Stadt- und Hafenlandschaft, auf die Krummhörn und das Brookmerland.

Finale: Entlang der Ems zu ihrer Mündung in die Nordsee

In Emden endet der EmsRadweg, die Ems jedoch mündet erst ein Stück weiter flussabwärts: Dieses letzte autofreie Stück am Seedeich bis zum Beginn des Weltnaturerbes Wattenmeer sollte man sich noch gönnen.

Essen, Trinken & Durchatmen

Ein kulinarischer Abzweig

Runter vom Deich und rein ins **Gasthaus Luv Up Jemgum!** Das Lokal findet man im 2021 neu gebauten gemütlichen Bootshaus am Sieltief von Jemgum – mit tollem Ausblick auf die Ems und die Schifffahrt. Auf der Karte finden sich naturgemäß zahlreiche Fischgerichte, aber auch bekannte Fleischklassiker.

Gasthaus Luv Up Jemgum!
Fährpatt 5
26844 Jemgum
Tel. +49 4958 238
www.luvup-jemgum.de

Die **Schifferbörse am Hafen** bietet viele Fischspezialitäten, aber auch typische Gerichte Ostfrieslands. Alles wird täglich frisch aus regionalen und saisonalen Produkten hergestellt, Fisch und Fleisch kommen aus nachhaltiger Produktion. Bekannt sind auch die Backwaren aus dem Haus und von einer Traditionskonditorei im Ort.

Schifferbörse am Hafen
Kirchstraße 6-8
26844 Jemgum/Ditzum
Tel. +49 4902 915 99 44
www.schifferbörse.net

Am Kanal entlang

Frühling am Kanal nördlich von Dortmund

5 Schlenker & Highlights

Münster

Dortmund

N

88 km

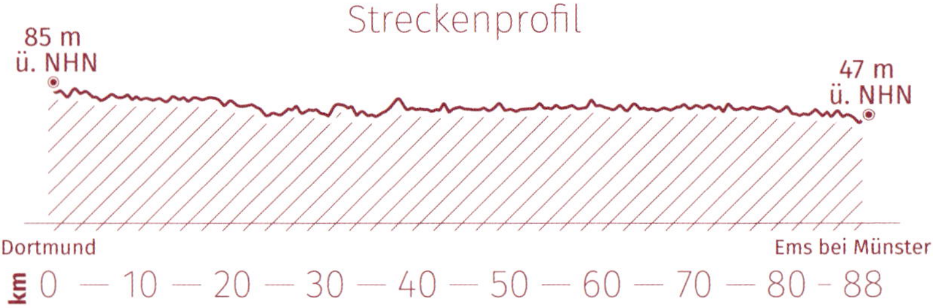

Streckenprofil

85 m ü. NHN

47 m ü. NHN

Dortmund

Ems bei Münster

km 0 – 10 – 20 – 30 – 40 – 50 – 60 – 70 – 80 - 88

Vom Pott zum Watt – Radroute Dortmund-Ems-Kanal

Die Fahrt entlang des Kanals zählt zu den Radklassikern. Innerhalb weniger Kilometer verlässt man die Metropolregion und fährt fast durchgehend auf autofreien Kanaluferwegen durchs ländliche Münsterland ins Emsland und von dort weiter durch Ostfriesland zum Ziel Norddeich am Wattenmeer. Zwischen Dortmund und Gelmer, dem nördlichen Stadtteil von Münster, wo wir auf den Ems-Radweg treffen, erwarten uns gleich mehrere imposante Wasserburgen sowie technische Denkmäler wie das Schiffshebewerk Henrichenburg. Der Abstecher nach Münster lohnt sich ebenfalls! Ab der Kanalüberführung in Münster-Gelmer verläuft der Kanal immer ein Stück östlich der Ems, im weiteren Verlauf fließen Kanal und Fluss im gleichen Bett, um streckenweise getrennt geführt zu werden.

Von Dortmund bis Datteln

Wir starten am Dortmunder Hauptbahnhof direkt am Knotenpunkt 61, hier findet sich auch eine Orientierungskarte mit dem Streckenverlauf. Dieser führt uns östlich des südlichen Endes des **Dortmund-Ems-Kanals (DEK)** zum **Fredenbaumpark**, dem ältesten Stadtpark von Dortmund. Der insgesamt 63 ha große Park ist die grüne Lunge der Nordstadt. Durch den weitläufigen Park mit uraltem Baumbestand, großen Rhododendren und Wasserflächen führt uns die Beschilderung direkt zum Kanal, an den der Park im Nordwesten grenzt.

Gefahren wird am linksseitigen Ufer, rechts kommt schon bald der Industriehafen und Hardenberghafen in Sicht, über den früher die Steinkohle der angrenzenden Zeche Fürst Hardenberg verschifft wurde. An diese erinnert der stillgelegte Malakow-

Wissenswertes im Gepäck

Dortmund-Ems-Kanal (DEK)

Rückgrat des westdeutschen Kanalnetzes

Der 223,4 km lange und 1899 eröffnete Kanal (DEK) zwischen dem Dortmunder Stadthafen und Papenburg ist eine wichtige Verbindung zwischen dem Ruhrgebiet und der Nordsee. 15 Schleusen gleichen auf dem Weg nach Norden (respektive Süden) einen Höhenunterschied von rund 70 m aus.

Bei **Datteln** schwenkt der Kanal nach Norden, überquert die Lippe, die Stever sowie die Ems und fährt ab Greven auf der Ostseite des Emstales durch die Münsterländische Bucht zu den westlichen Ausläufern des Teutoburger Waldes.

Bei **Gleesen** (km 138,3) trifft der Kanal das erste Mal auf die Ems, für rund 2 km fließen Kanal und Ems gemeinsam: Schon bei Hanekenfähr (km 140) verlässt der DEK die Ems und folgt dem Seitenkanal der Trasse des 1828 gebauten Ems-Hase-Kanals bis zur Einmündung in die Hase in Meppen (km 165,9). Kurz vor der Hubbrücke in Meppen fließt die Hase von rechts kommend in den DEK. Kurz hinter der Hubbrücke fließt linksseitig die Ems in die Hase bzw. den DEK.

Der weitere Verlauf führt durch die Mündungsstrecke der Hase und durch die staugeregelte **Mittelems** zur **Schleuse Herbrum** (km 212,6). Nach dem Zusammenfluss wird die Schifffahrt auf dem DEK bis zum Kanalende in Papen-

burg von Strömung, Hochwasser und engen Flusskrümmungen beeinflusst. Bis Papenburg zählt noch die Tideems zum DEK (DEK-km 225,82). Der Endpunkt bei km 225,82 ist zugleich der Übergang von der Binnenschifffahrtsstraße zur Seeschifffahrtsstraße mit eigener Unterems-Kilometrierung (UEm-km 0,0).

Schiffsverkehr
Der 20 km lange Kanalabschnitt zwischen Datteln und dem Dortmunder Stadthafen ist eine wichtige Verbindung für Schiffe, die vom Rhein kommend so den Hafen Dortmund anfahren können.

Die DEK-Südstrecke von Datteln bis zum Abzweig des Mittellandkanals ist rund 80 km lang. Durch die Deutsche Einheit und die EU-Osterweiterung hat der DEK eine neue Bedeutung bekommen, denn zusammen mit dem Mittellandkanal ist er nun ein bedeutendes Bindeglied auf der West-Ost-Kanalverbindung: Große Schiffe, die vom Rhein kommen, erreichen über DEK und Mittellandkanal die Stromgebiete von Weser, Elbe und Oder.

Die DEK-Nordstrecke von Bergeshövede bis Papenburg ist rund 120 km lang. Containerschiffe fahren vom Seehafen Emden über die Eingangsschleuse Herbrum zum Güterverteilzentrum Dörpen, wo der Küstenkanal abzweigt.

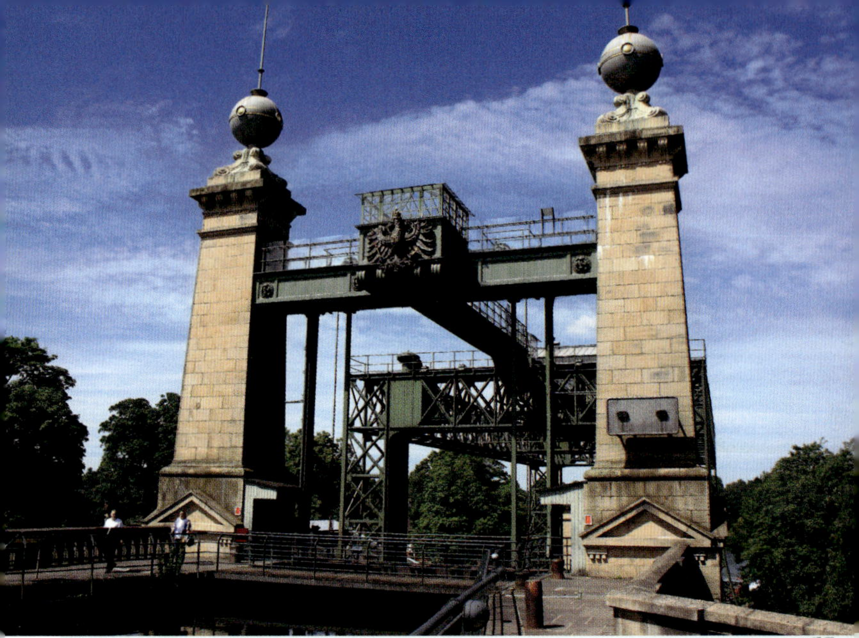

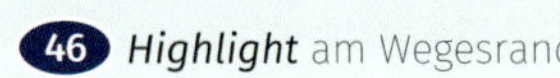

Schiffshebewerk Henrichenburg

Schleusenpark Waltrop

Auf dem Areal des Schleusenparks Waltrop liegen das alte Schiffshebewerk Henrichenburg (heute LWL-Industriemuseum), die Alte Schachtschleuse, das neue Schiffshebewerk, die neue Schleuse, zahlreiche Betriebseinrichtungen und Siedlungen der Angestellten. Nur wenige Hundert Meter trennen das historische Schiffshebewerk von 1899 vom neuen (1962), beide Hebewerke gehören zur Kanalstufe Henrichenburg. Auf einem Spaziergang durch das Areal werden Geschichte und Gegenwart der Kanalschifffahrt auf spannende Art vermittelt.

Meisterwerk der Technik
In nur 5 Jahren wurde das erste Schiffshebewerk gebaut, das damals eine meisterhafte Ingenieursleistung war: ein stählerner Aufzug, mit dessen Hilfe die Schiffe einen Höhenunterschied von 14 m überwinden konnten. Das Hebewerk war kostengünstiger als die zunächst vorgesehene Schleusentreppe mit zwei oder drei Schleusen. Neu war die Technik, für die

turm. Gerade noch städtisch geprägt, verändert sich innerhalb weniger Minuten die Landschaft und wir befinden uns nach dem IKEA-Areal im landwirtschaftlich geprägten Umland von Dortmund. Begleitet werden die ersten Kanalkilometer von einer fotogenen alleeartigen Baumbepflanzung.

Nach dem Linksbogen des Kanals – rechts am anderen Ufer liegt Waltrop – erreichen wir einen ersten Höhepunkt der Route, das **Schiffshebewerk Henrichenburg** 46. Hier verzweigt sich der Kanal in den **Schleusenpark Waltrop**. Der Besuch des Schleusenparks mit dem historischen Schiffshebewerk gehört fast schon zum Pflichtprogramm. Im **Museum** wird zum einen die Funktionsweise des Schiffshebewerks erklärt, man bekommt aber auch einen Einblick in die Geschichte und Bedeutung der vielen Wasserstraßen im Ruhrgebiet. Hier in Henrichenburg trifft der Dortmund-Ems-Kanal den Rhein-Herne-Kanal, daher ist die Marina ein beliebtes Ausflugsziel für Sportboote.

Zurück am Kanal-Radweg queren wir den DEK. Auf den nächsten Kilometern ins Zentrum von **Datteln** verlas-

ein Wettbewerb ausgeschrieben wurde.

Gebaut wurde ein **Schwimmer-Hebewerk,** bei dem der Schiffstrog auf fünf luftgefüllten Tauchkörpern (Schwimmern) ruht, die in fünf wassergefüllte Brunnen eintauchen. Das nach unten drückende Gewicht von gefülltem Trog, Trogstützen und Schwimmern befindet sich im Gleichgewicht mit dem nach oben wirkenden Auftrieb, dessen Kraft sich aus dem Volumen der luftgefüllten Schwimmer ergibt. Schon eine geringe Erhöhung oder Reduzierung der Wassermenge im Trog führte zur Abwärts- oder Aufwärtsbewegung des Trogs. Das zu bewegende Gesamtgewicht betrug etwa 3100 Tonnen, Schiffe konnten mit bis zu 750 Tonnen Ladung gehoben werden. Bis heute fasziniert die schöne Eisenfachwerkkonstruktion, die 1969 endgültig stillgelegt wurde.

Den besten Blick genießt man von der Brücke zwischen den Türmen – auf das historische Areal wie auch auf die gesamte Schleusenanlage. In einer stillgelegten Maschinenhalle informiert ein **Museum** über technische Details und die Geschichte des Denkmals. Eine weitere Sehenswürdigkeit ist die denkmalgeschützte **Alte Schachtschleuse**, nach der Stilllegung wurde sie restauriert. Heute führt ein Weg durch die ehemalige Schleusenkammer, die trockenen Fußes erkundet werden kann. Sehenswert sind auch die historischen Schiffe, die im Oberwasser liegen.

LWL-Industriemuseum Hebewerk
Am Hebewerk 2
45731 Waltrop
www.hebewerk-henrichenburg.de

Wissenswertes im Gepäck

Alte Fahrt Olfen

Stillgelegter Bypass

Ursprünglich verlief der DEK zwischen dem Kanalkreuz Datteln und Münster direkt an der Stadtmitte von Olfen vorbei. Doch schon 1929 wurde mit dem Bau eines Bypasses begonnen, der wachsende Schiffsverkehr und die großen Schiffe machten es nötig. Die Wasserstraße konnte auch nicht einfach breiter gebaggert werden, da sie in Olfen hoch über dem Umland verlief. Seit 1937 verläuft der Kanal (Neue oder Zweite Fahrt genannt) auf einer begradigten und verbreiterten Linienführung südöstlich um die Stadt.

In den 1980er-Jahren wurde mit dem Rückbau des alten Kanals begonnen, wobei ein Teil, vor allem der mit den landschaftsprägenden Brücken von Lippe und Stever unter dem Kanal hindurch, erhalten blieb. Von Datteln bis kurz vor Olfen ist der Kanalcharakter noch erhalten, in der Stadtmitte ist der Kanal zugeschüttet. Im Ortszentrum wurde er zu einem langgestreckten Grünzug auf einem hohen Damm mit Baumlehrpfad umgestaltet.

sen wir den Kanal und radeln durch Datteln. Laut Eigendarstellung der Stadt der „größte Kanalknotenpunkt der Welt", an dem gleich vier Kanäle zusammentreffen: Neben dem Dortmund-Ems-Kanal sind es der Rhein-Herne-Kanal (Schleuse Henrichenburg), der Wesel-Datteln-Kanal und der Datteln-Hamm-Kanal. 19 Kanalkilometer liegen im Stadtgebiet.

Von Wasserschloss zu Wasserschloss
Nördlich von Datteln verlassen wir das Metropolgebiet Ruhrgebiet und fahren hinein ins Münsterland. Der Radweg quert nördlich von Datteln den **Wesel-Dattel-Kanal** und folgt anschließend der **Alten Fahrt**, dem historischen, inzwischen stillgelegten Kanal, der ursprünglich ins Stadtgebiet von Olfen führte.

Zu den Sehenswürdigkeiten von **Olfen** (47) zählt neben einer alten Mühle auch die historischen Stever-Kanalbrücke und die **Steverauen.** Hier begann 2002 das „Beweidungsprojekt Steveraue", bei dem u. a. der Verlauf der Stever renaturiert wurde. In den Auen weiden heute Heckrinder und Konikpferde, Poitou- und Katalanische Riesenesel. Durch den Lebensrhythmus und das Fressverhalten dieser halbwilden Tiere sollen die einst landwirtschaftlich genutzten Flächen wieder renaturiert werden, der

Olfen

Ausgefallene Brückenbauten

Die Kleinstadt bietet mehrere sehenswerte Baudenkmäler, darunter das östlich des Kanals liegende **Schloss Sandfort** (nur Außenbesichtigung) und die im Nordwesten der Stadt liegende **Füchtelner Mühle** an der Stever.

Füchtelner Mühle

Die Mühle von 1306 war eine Landesmühle, die zur Wasserburg Haus Füchteln gehörte. Die denkmalgeschützte Anlage erinnert an ihre ehemalige Funktion als getrennte Öl- und Kornmühle. Direkt an der Füchtelner Mühle liegt heute ein Flussstrand.

Sehenswerte Brücken

Im Stadtgebiet finden sich drei historische Kanalbrücken, mit denen einst der Dortmund-Ems-Kanal über Stever, Lippe und Oststraße geführt wurde. Als erstes trifft man auf dem Radweg auf die **Kanalbrücke über die Lippe**, dann folgt die **„Schiefe Brücke"** mitten in Olfen: Sie verdankt ihren Namen der Tatsache, dass Kanaltrasse und Straße im 60-Grad-Winkel zueinander stehen.

Dreibogenbrücke

Die bekannte Kanalbrücke über die Stever wurde im Stil des Historismus entworfen und 1894 gebaut. Nach der Stilllegung wurde im Bereich der Kanalbrücke das einstige Kanalbett verfüllt und mit Fahrrad- und Wanderwegen neu erschlossen. Von der Brücke hat man einen sehr schönen Blick über die Steveraue.

Wasserburg Vischering

Ideal einer münsterländischen Wasserburg

Die runde Hauptburg inmitten eines Teichs zählt zu den bekanntesten Motiven des Münsterlandes.

Die Burg wurde nördlich von Lüdinghausen in der Niederung der Stever erbaut und durch einen neuen Wasserarm gesichert. Die Hauptburg stammt wahrscheinlich aus dem 12. Jh. 1271 entstand auf dem heutigen Burghof ein imposanter Wohnturm. Da die Ringmauer bei späteren Umgestaltungen nur teilweise durchbrochen wurde und man stattdessen viele Bauteile auf die Mauer aufsetzte, vermittelt sie auch heute noch einen geschlossenen, wehrhaften Eindruck. Zwischen 1519 und 1622 wurde sie dann zu einem Wohnschloss ausgebaut.

1944 erlitt Vischering durch Bombardierung schwere Schäden.

1972 eröffnete man das **Münsterlandmuseum.** Seit 2018 widmet sich die neue Dauerausstellung zum einen der Geschichte der Burg und ihrer Bewohner, zum anderen informiert sie über die münsterländische Burgen- und Schlösserlandschaft und die Adelskultur, die diese erst möglich machte. Ein guter Einstieg in die Fahrt durchs Münsterland!

www.burg-vischering.de

Fluss über seine Ufer treten und sich angrenzende Flächen erneut in Auen verwandeln dürfen. Neben Rindern, Pferden und Eseln lassen sich hier regelmäßig Wildgänse, Eisvögel, Fischreiher und Störche beobachten.

Lüdinghausen –
Stadt der Wasserburgen
Schon nördlich von Olfen besteht die Möglichkeit, durchs Hinterland zu den zwei **Wasserschlössern** von **Lüdinghausen** zu fahren. Über zwei Kanalbrücken und die Alte Fahrt sind es nicht einmal 5 km zum Wasserschloss im Lüdinghauser Ortsteil Elvert. Ursprünglich gab es in und um die Stadt neun Wasserburgen, von denen heute noch vier existieren: Vischering, Kakesbeck, Wolfsberg (kaum noch als Burg erkennbar) und Lüdinghausen.

Macht man den Abstecher durch das Hinterland, erreicht man als erstes die **Renaissanceburg Lüdinghausen.** Diese besteht aus der Hauptburg, zwei Vorburgen und einem weitläufigen Gräftensystem, das ursprünglich aus sechs bis sieben Ringgräben und einem halbkreisförmigem Wall bestanden hat. Gespeist wurden die Wassergräben durch die Stever und den Mühlenzufluss der Burg Vischering. Die Burggräben hatten zudem eine Verbindung zu den Gräben der Stadtbefestigung. Durch den Erholungsraum **StadtLandschaft** ist die Burg Lüdinghausen mit **Burg Vischering** 48 verbunden.

Im westlich des Kanals liegenden Stadtteil **Seppenrade** lockt der schön gestaltete **Rosengarten** mit über 700 Rosensorten Blumenliebhaber aus aller Welt an, er liegt nur 2 km westlich des Kanals.

Von Burg Vischering sind es rund 15 km bis Senden. Auf dem Weg dorthin bietet sich die Möglichkeit zur Besichtigung eines weiteren Wasserschlosses an – **Haus Kakesbeck**. So wie sich die Burg heute präsentiert, wurde sie im 14. bis 16. Jh. ausgebaut. Zur Zeit ihrer größten Ausdehnung hatte die Wehranlage eine Ausdehnung von etwa 1 km, hatte fünf Vorburgen und war durch das Mauerwerk und eine 30.000 m^2 große Wasserfläche geschützt.

Und das nächste Wasserschloss liegt nicht fern... Nur 250 m vom DEK entfernt liegt das **Wasserschloss Senden** am Fluss Stever, der auch den Wassergraben speist. Das Wasserschloss wird derzeit vom Besitzer, dem gemeinnützigen Verein Schloss Senden e.V., saniert. Östlich von Senden (Westfalen) liegt das **Naturschutzgebiet „Venner Moor“** 49, ein ehemaliges Hochmoor. Spazierwege beginnen direkt am Radweg.

Vor der Bahnbrücke Münster-Amelsbüren liegt rechts ein für das Münsterland typischer Gräftenhof, das **Haus Amelsbüren**. Haus Amelsbüren ist das älteste (noch bestehende) Wohnhaus von Amelsbüren. Die ältesten Teile stammen aus dem 16. Jh, die gut erhaltene Gräftenanlage und das Haus sind denkmalgeschützt. Heute lebt hier eine Hofgemeinschaft junger Familien.

Gegenüber von Amelsbüren liegt Hiltrup, einer der Außenstadtteile von Münster, 6,5 km südlich der Münsteraner Innenstadt.

Rechts des Kanals und des Radwegs lockt der **Hiltruper See**, ein durch Sandabbau entstandener Baggersee. Da er im Wasserschutzgebiet liegt, darf er nicht als Badesee genutzt werden.

Abstecher nach Münster

In einem Linksbogen wird der DEK nun östlich an Hiltrup vorbei nach Norden geführt und verläuft daher östlich an der Altstadt von Münster vorbei. Nach Passieren des Mittehafens erreichen wir die Stadtteile Sankt Mauritz (östlich des Kanals) und Mauritzviertel (westlich des Kanals). Die Kanalbrücke Zum Guten Hirten bringt uns ins Mauritzviertel, von dort folgen wir den Wegweisern gleich mehrerer überregionaler Radrouten in die Altstadt von **Münster** 15 (Kapitel 3, Seite 56), darunter auch der Europaradweg R1, über den man von Telgte aus nach Münster radeln kann.

Unvorstellbare 4.500 km ausgeschilderter Radwege führen von der Innenstadt aus durch die meist flache Parklandschaft des Münsterlandes, darunter auch attraktive Themenrouten wie die 100-Schlösser-Route zu Burgen und Schlössern des Münsterlandes.

Die Radroute Dortmund-Ems-Kanal verbleibt zunächst noch am Ostufer, um dann bei der **Schleuse Münster** ans Westufer zu wechseln. Bevor jedoch die Seite gewechselt wird, bieten die **Schaustelle Kanal** (km 66,4) und die **Schleuse Münster** informative Einblicke in die Geschichte des Kanals und der Schleusen.

Lohnend ist auch der kurze Abstecher zum **Europareservat Rieselfelder Münster** 50. Dabei handelt es sich um ein Europäisches Vogelschutzgebiet auf dem Gebiet ehemaliger Verrieselungsflächen für die Abwässer von Münster. Hier finden viele bedrohte Vogelarten einen Rückzugsraum.

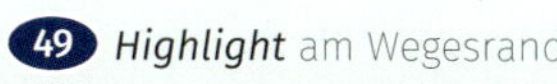

Venner Moor

Sagenumwoben, ursprünglich und malerisch schön

Das Naturschutzgebiet liegt östlich von Senden (Westfalen). Bis zu 4 m mächtig waren die Torfablagerungen des Hochmoors. In 150 Jahren ließen Entwässerungen und Torfabbau das Moor jedoch nahezu vollständig verschwinden. Heute ist das Venner Moor mit rund 149 ha etwa halb so groß, wie es ursprünglich einmal war. Die Torfablagerungen sind unwiderruflich verschwunden, aber es finden sich heute wieder die moortypischen Lebensräume wieder. Es gibt zwergstrauchreiche Birkenwälder mit Kiefern sowie zwei größere, alte Torfstichgewässer und eine kleine Heidefläche.

Ab 1975 wurden Torfstiche durch die Schließung von Entwässerungsgräben verschlossen und das Moor wieder vernässt, sodass es sich regenerieren kann. Inzwischen sieht man wieder die typischen Torfmoose und Wollgräser, die Birken sterben allmählich ab. Heimisch ist die Kreuzotter, die einzige hierzulande vorkommende Giftschlange. Mit etwas Glück kann im Frühjahr die scheue Krickente auf den Torfstichgewässern beobachtet werden.

„Federnde" Torfwege

Zwei Rundwanderwege (2,7 bzw. 4,7 km lang) führen durch das Naturschutzgebiet, das nicht nur im Frühsommer, wenn das Wollgras blüht, ein Erlebnis ist. Ein Bohlenweg leitet vorbei an Teichen und Moorregenerationsflächen.
www.naturschutzzentrum-coesfeld.de

Anschließend nehmen wir die Kanalbrücke und radeln nach Nordosten in den Münsteraner Ortsteil **Gelmer**.

Bedeutendes Technikdenkmal

Die **Kanalüberführung Münster-Gelmer** zählt zu den bedeutenden Technikdenkmälern am DEK. Die Überführung der **Alten Fahrt** (erster Kanal) über die Ems wurde 1897 als Bogenkonstruktion mit vier 12,6 m breiten Bogenöffnungen vollendet. Diese war den Anforderungen aber schon bald nicht mehr gewachsen, 1939 wurde daher die **Neue Fahrt** mit neuer Kanalüberführung errichtet. Beide Kanalüberführungen waren parallel in Betrieb, bis alliierte Bomberpiloten versehentlich die Überführung der Neuen Fahrt 1940 zerstörten: Das Wasser des Dortmund-Ems-Kanals ergoss sich in die darunter fließende Ems. Ein Auslaufen des Kanals konnte rechtzeitig durch das Schließen eines 200 m nordöstlich gelegenen Sperrtores verhindert werden.

Hier in Gelmer trifft die Radroute Dortmund-Ems-Kanal auf den Ems-Radweg.

50 *Highlight* am Wegesrand

Rieselfelder Münster

Europareservat für Wat- und Wasservögel

1901 konnten die Aa und die Ems die anfallenden Abwassermengen der Stadt Münster nicht mehr tragen. Daher beschloss die Stadt nach dem Muster der Berliner Rieselfelder auch das Abwasser in Münster über Verrieselungsflächen zu reinigen. Die Felder lagen auf der Niederterrasse zwischen Münsterscher Aa und der Ems, die mit ihrer mächtigen Sandauflage ideale geologische Voraussetzungen bot. Anfang der 1960er-Jahre blieben jedoch viele Rieselfelder ganzjährig mit Abwasser überstaut; viele Wasser- und Watvogelarten fanden hier ein ideales Rast- und Brutgebiet. 1968 wurde daher die „Biologische Station Rieselfelder Münster" gegründet.

Durch die Inbetriebnahme einer Großkläranlage fielen die Rieselfelder ab 1975 trocken, es gab sogar Pläne zur Umwidmung in ein Industriegebiet. Proteste seitens der Bürger waren erfolgreich: 1983 wurden die Rieselfelder als Feuchtgebiet internationaler Bedeutung gemäß der Ramsar-Konvention anerkannt. Nach und nach wurden bereits trockengelegte Flächen in Feuchtgebiete zurückverwandelt.

Heute sind die Rieselfelder Münster ein beliebtes Naherholungs- und Naturerlebnisgebiet. Entlang ausgewiesener Wanderwege gibt es hervorragende Beobachtungsmöglichkeiten und Infopfosten zu verschiedenen Themen. *www.biostation-muenster.org/*

Essen, Trinken & Durchatmen

Ein kulinarischer Abzweig

Das **Hof Grothues Potthoff** – ein idyllischer Hof mit einer über 800 Jahre alten Familientradition ist weit über die Sendener Stadtgrenzen hinaus bekannt. Vieles, was im Hofladen, dem Hofcafé und den zwei Hotelrestaurants angeboten wird, wird aus Hoferzeugnissen hergestellt.

Hof Grothues-Potthoff
Hof Grothues-Potthoff 4-6
48308 Senden
Tel. +49 2597 6964-18
www.hof-grothues-potthoff.de

Das **Landgasthaus Klaukenhof** im Freizeitpark Klaukenhof am „Dattelner Meer" ist eine traditionsreiche Gaststätte, sie bietet eine Grillhütte und einen Biergarten unter alten Eichen. Gekocht wird bodenständig und regional, die Kuchen und Waffeln sind alle selbstgebacken.

Gasthaus Klaukenhof
Pelkumer Weg 51
45711 Datteln
Tel. +49 2363 36 50 37
www.freizeitpark-klaukenhof.de

Landgasthaus Klaukenhof

Wilhelmshaven
Bremerhaven
Jadebusen
Bucht von Watum
Emden
Dollart
Oldenburg
Papenburg
Bremen
Ems
Haren
Lingen
N
Dortmund-Ems-Kanal
Osnabrück
Enschede
Emsdetten
Bielefeld
Ems
Telgte
Münster
Emsquellen
Dortmund-Ems-Kanal
Rheda
Hamm
Beckumer Berge
Paderborn
Recklinghausen
Dortmund

Der

EmsRadweg

Von der Senne bis zur Nordsee.
Mit Dortmund-Ems-Kanal

Teil 2

Roadbook

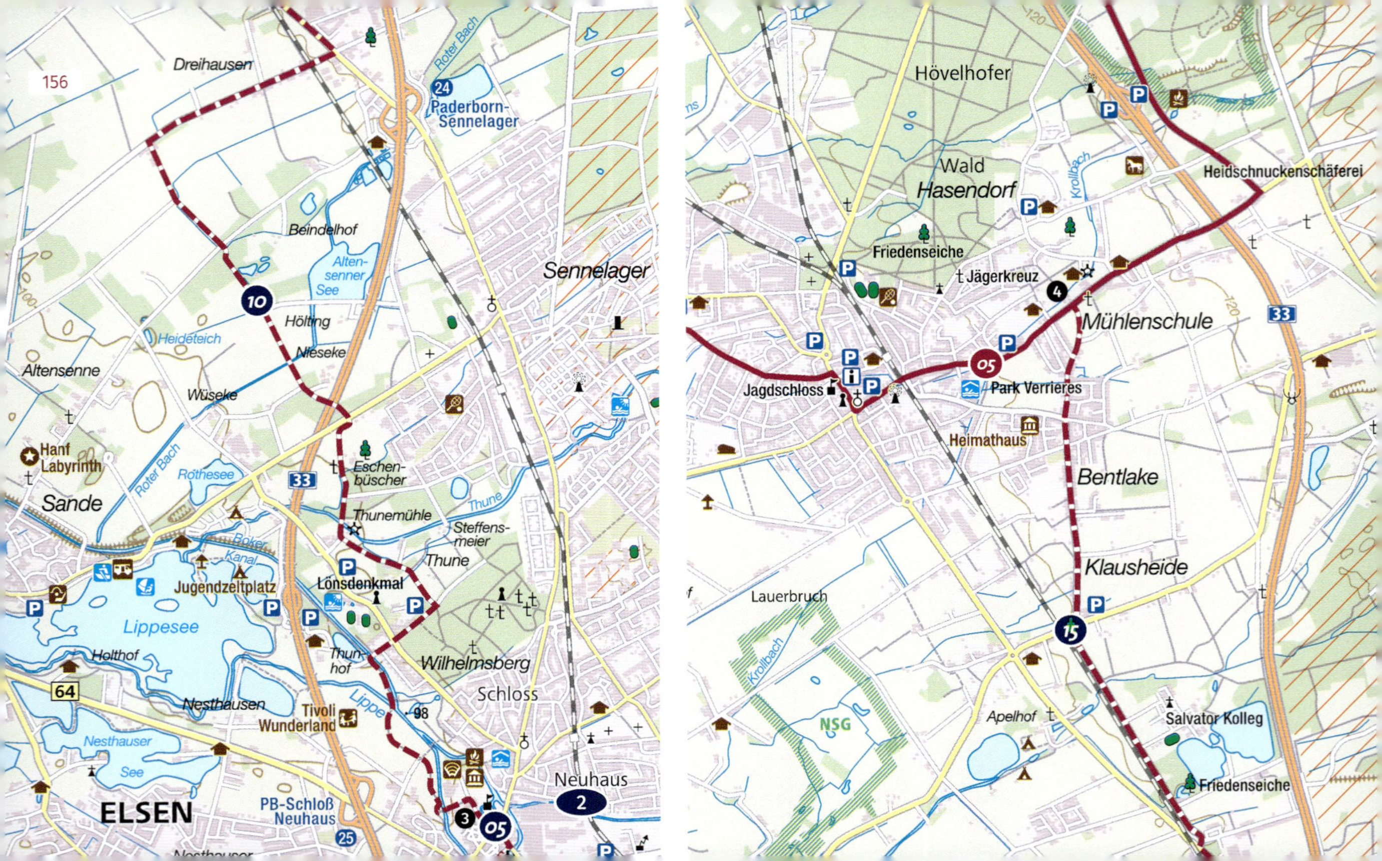

Dreihausen
Paderborn-Sennelager
Roter Bach
Beindelhof
Altensenner See
Sennelager
Hölting
Nieseke
Heideteich
Altensenne
Wüseke
Hanf Labyrinth
Rothesee
Roter Bach
Sande
Eschenbüscher
Thunemühle
Thune
Steffensmeier
Thune
Boker Kanal
Jugendzeltplatz
Lönsdenkmal
Lippesee
Holthof
Thunhof
Wilhelmsberg
Schloss
Lippe
Nesthausen
Tivoli Wunderland
Nesthauser See
ELSEN
PB-Schloß Neuhaus
Neuhaus
Hövelhofer
Wald Hasendorf
Krollbach
Heidschnuckenschäferei
Friedenseiche
Jägerkreuz
Mühlenschule
Jagdschloss
Park Verrieres
Heimathaus
Bentlake
Klausheide
Lauerbruch
Krollbach
NSG
Apelhof
Salvator Kolleg
Friedenseiche

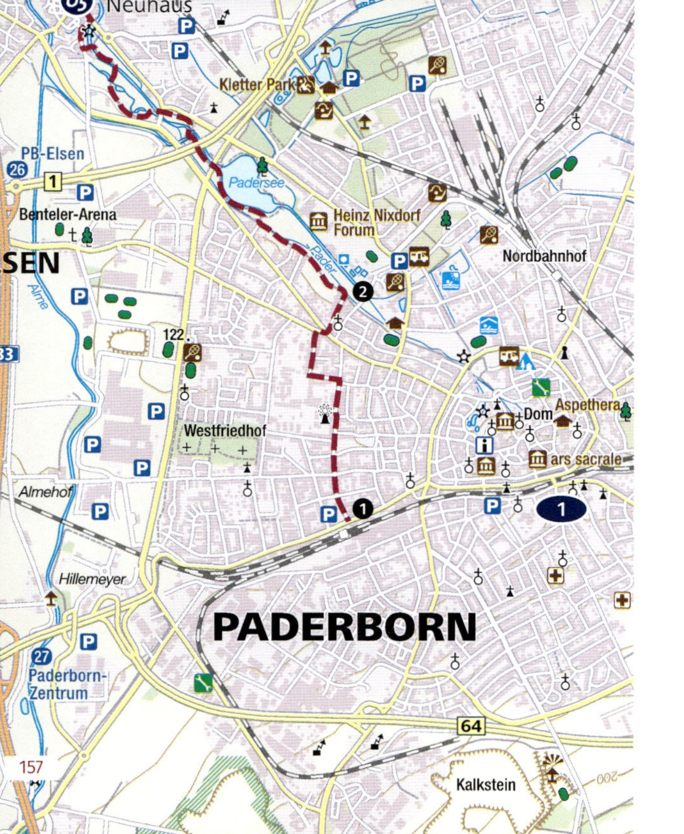

Start: **Paderborn** auf Seite 157
Start: **Emsquellen** auf Seite 158
Start: **Dortmund-Ems-Kanal** auf Seite 202

Auftakt: Vom Bahnhof Paderborn zu den Emsquellen

❶ Vom **Bahnhof Paderborn** auf der **Weser-Lippe-Hauptroute** auf der *Rathenaustraße* nach Norden → links in die *Giefersstraße* bis zur *Elsener Straße* → rechts, die *Neuhäuser Straße* queren und geradeaus dem *Weierstraßweg* zum Ende folgen. Hier erreicht man den Uferbereich der Pader

❷ → links auf der **Paderborner-Radroute PB1** bis zum **Schloss Neuhaus**

❸ Vom Schloss dem **Senneradweg** nach Westen folgen, bis dieser östlich von Hövelhof auf den EmsRadweg trifft.

❹ → rechts auf dem **EmsRadweg** zum

5 Infozentrum EmsQuellen und EmsRadweg

1 Vom **Infozentrum EmsQuellen** zu den
2 **Emsquellen** → links auf dem Ems-Erlebnisweg (*Emser Kirchweg*) zur
3 **Ems-Erlebniswelt**

Start

5 Vom **Infozentrum EmsQuellen** vor zur Kreuzung → links in den *Emser Kirchweg* → links in die *Moosheider Straße* bis zur T-Kreuzung
Links erreicht man in 400 m die **Heidschnucken-Schäferei**.

6 → rechts in die *Sennestraße*, dann *Allee* nach **Hövelhof** bis zum **Schlossgarten** → rechts in die *Schlossstraße* → links in die *Kirchstraße*, nach der **Bredemeiers Kapelle** → links auf den Radweg parallel zur *L757/Gütersloher Straße*, nach der Emsbrücke
7 → links in den *Kösterweg* bis zur *L935* → links in die *L935/Detmolder Straße* (linksseitiger Radweg) bis kurz vor der Emsbrücke
8 → rechts in die *Kaunitzer Straße* → links und gleich wieder → links in die *Emsallee*

Koldings-
heide
Furlbach
nur Güterverkehr
Ems
Hövelhofer
Wald
Hasendorf
Heidschnuckenschäferei
Bredemeier
Krollbach
Holtebach
Friedenseiche
Jägerkreuz
Espelner
Wiesen
Mühlenschule
33
120
Krukenhorst
Espeln
Rengerings-
wiesen
Hövelhof
Jagdschloss
Park Verrieres
Hönkshof
Heimathaus
Rodehuth
1000-jährige
Eiche
Rengerings-
bruch
Bentlake
Große Heide
Rengering
Klausheide
Dullwallhof
Lauerbruch
Rengershof
Osterloh
Osterloher
Krollbach
Auf der
NSG
Apelhof
Salvator Kolleg
Lohhude
Wiesen
Kanneword
Haupt
Friedenseiche
Venn
100

9 → rechts in die Straße *An der Ems*, an der T-Kreuzung → rechts in die Straße *Hossengrund*, an der folgenden Weggabelung → links bis zu einem Parkplatz, diesen queren → rechts auf die *L 751* und gleich

10 → links in die Straße *Henkenteich* → links in den *Hainbuchenweg*, die Ems queren und → rechts in die *Weststraße* → bei nächster Gelegenheit → rechts in die Straße *Am Teich* zum **Naturschutzgebiet Steinhorster Becken**, dieses auf dem *Dammweg* umfahren

11 → links auf die *Neubrückstraße*, nach den Parkplätzen → rechts in die *Landstraße* und gleich wieder → rechts in den *Kuckucksweg*, später *Kleinkamp* zu einer T-Kreuzung

⓬→ rechts, gleich→ links in den *Ehlersweg*, nach dem Geflügelhof → rechts, an der folgenden Kreuzung → links in den *Franzosenweg*, an der Bushaltestelle → rechts in den *Giptenweg* und dem Verlauf bis zum **Tierpark** folgen

⓭→ links in den *Grafhörsterweg* → links in den *Entenweg* zu einer T-Kreuzung (rechts Emsbrücke) → links in die Straße *Im Thüle* und am Emsufer entlang

⓮→ links in die Straße *Birkendamm*, an ihrem Ende die *Delbrücker Straße* queren

⓯→ rechts auf dem Radweg Richtung Rietberg, bei den ersten Häusern die *Delbrücker Straße* queren und an den Häusern entlang zur Ems, dieser nach links bis zur Holzbrücke folgen, weiter zum Schwimmbad → links und erneut die Ems queren (*Torfweg*)

⓰→ rechts in die *Klosterstraße*, dann *Rügenstraße* zum Rathaus von **Rietberg** → rechts in die *Rathausstraße* und gleich → links in die *Müntestraße* bis zur Straße *Am Westwall*

⓱→ rechts durch die Grünanlage bis kurz vor der Ems/Kriegerdenkmal → links über eine kleine Brücke und auf dem **Ems-Uferweg** die Stadt verlassen. Beim

⓲**Bibeldorf** geradeaus weiter an der Ems.

Nach dem **Emssee** (rechter Hand) beim Parkplatz an der *Kreisstraße* →

⓳→ rechts, die Ems queren und auf dem straßenbegleitenden Radweg der *Kreisstraße/Zur Flammenmühle* folgen, vor einem Hof

⓴→ links in den *Peitzmeierweg*, bevor dieser in die *B64* einmündet → links und gleich → rechts in die Straße *Maßfeld*, vor der *B64*

㉑→ links in die Straße *Am Jägerheim*, unter der Straßenbrücke hindurch, danach → links in den *Horstwiesenweg* bis zu den ersten Häusern von **Wiedenbrück**

㉒→ links zur Ems, dort → rechts entlang der Ems zum **Freibad Wiedenbrück**, dort → rechts (das Freibad liegt rechter Hand) geradeaus über die Straßen *Ägidenwall* und *Nordwall* zur *Rektoratsstraße* → links über den Kanal und an den **Wasserrädern** vorbei.

An der Kreuzung führt die *Lange Straße* links ins **Zentrum von Wiedenbrück**.

㉓→ rechts in die Straße *Mühlenwall*, die Ems queren und → rechts und auf der Landzunge zwischen Emssee und Ems zur nächsten Emsbrücke, beim Sportgelände gleich wieder → rechts über die Ems, den *Nordring* queren

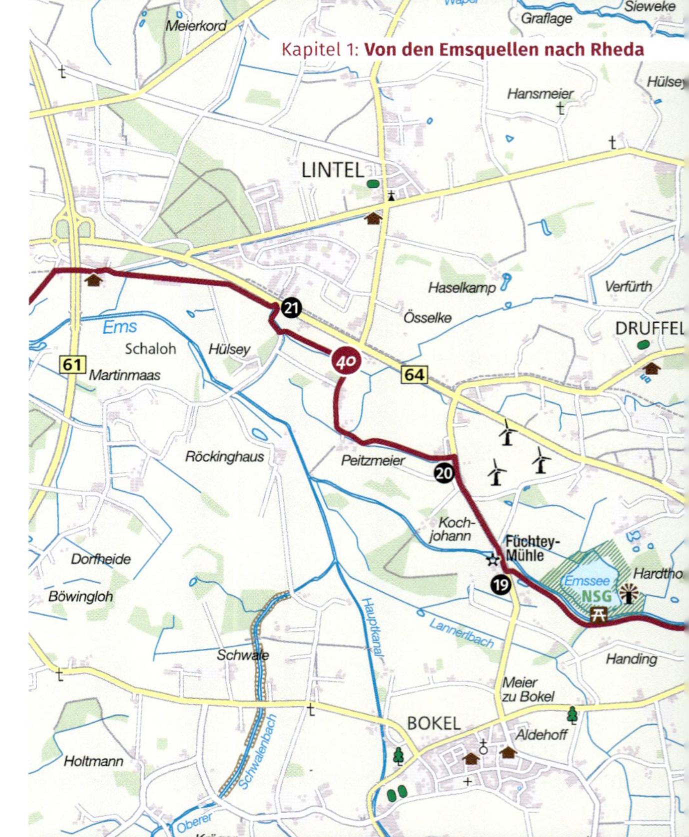

24 → rechts am rechten Emsufer durch den **Flora-Westfalica-Park** flussabwärts, erneut über die Ems, die Autobahn unterqueren und durch den Park zum
25 Schlossgarten von **Schloss Rheda/ZIEL.**

Start

1 Am *Steinweg* am Schlossgarten von **Schloss Rheda** → rechts in die *Schlossstraße* → rechts in die *Gütersloher Straße*, die Ems queren, danach → links in die Straße *Am Werl*, an der Ems entlang, unter den Bahnbrücke hindurch → rechts entlang der Bahn → links in den *Milchweg*, nach dem Rechtsborgen
2 → links in den *Moorweg*, am **Bänischsee** vorbei, im Wald beim **Wasserwerk Nordrheda**

❸→links in die *Emser Landstraße*, durch die Emssiedlung vor zur *Gütersloher Straße/L788* → links entlang der *L788*, die Ems queren, danach → links in die *Gütersloher Straße*, nach dem Rechtsbogen → rechts in die Straße *Westerfeld* zur *L788*

❶→ links auf der *Gütersloher Straße/L788* zum **Kloster Herzebrock**

❷→ rechts auf der *Groppeler Straße/K10* Richtung Marienfeld bis zur Einmündung des Radwegs in die *Groppeler Straße*

❹Die *L788* erneut queren und auf der *Pixeler Straße* bis zur T-Kreuzung

❺→rechts in die *Groppeler Straße*, die Ems queren und weiter auf der Straße *Bredeck* nach **Bredeck**, weiter auf der Straße *Südfeld* bis **Oester,** die *B513* queren

❻→ schräg links auf der *Klosterstraße* nach Marienfeld (links geht es zum Klosterhof und **Kloster Marienfeld**)

❼→nach dem Rechtsbogen der *Klosterstraße*→ links in die *Bielefelder Straße*, die *B513* queren und weiter geradeaus der Straße *Heckerheide/L806* ins **NSG Boomberge** folgen, dieses durchqueren und nach dem Parkplatz → rechts zur *K14* → rechts auf der *K14* die Ems queren

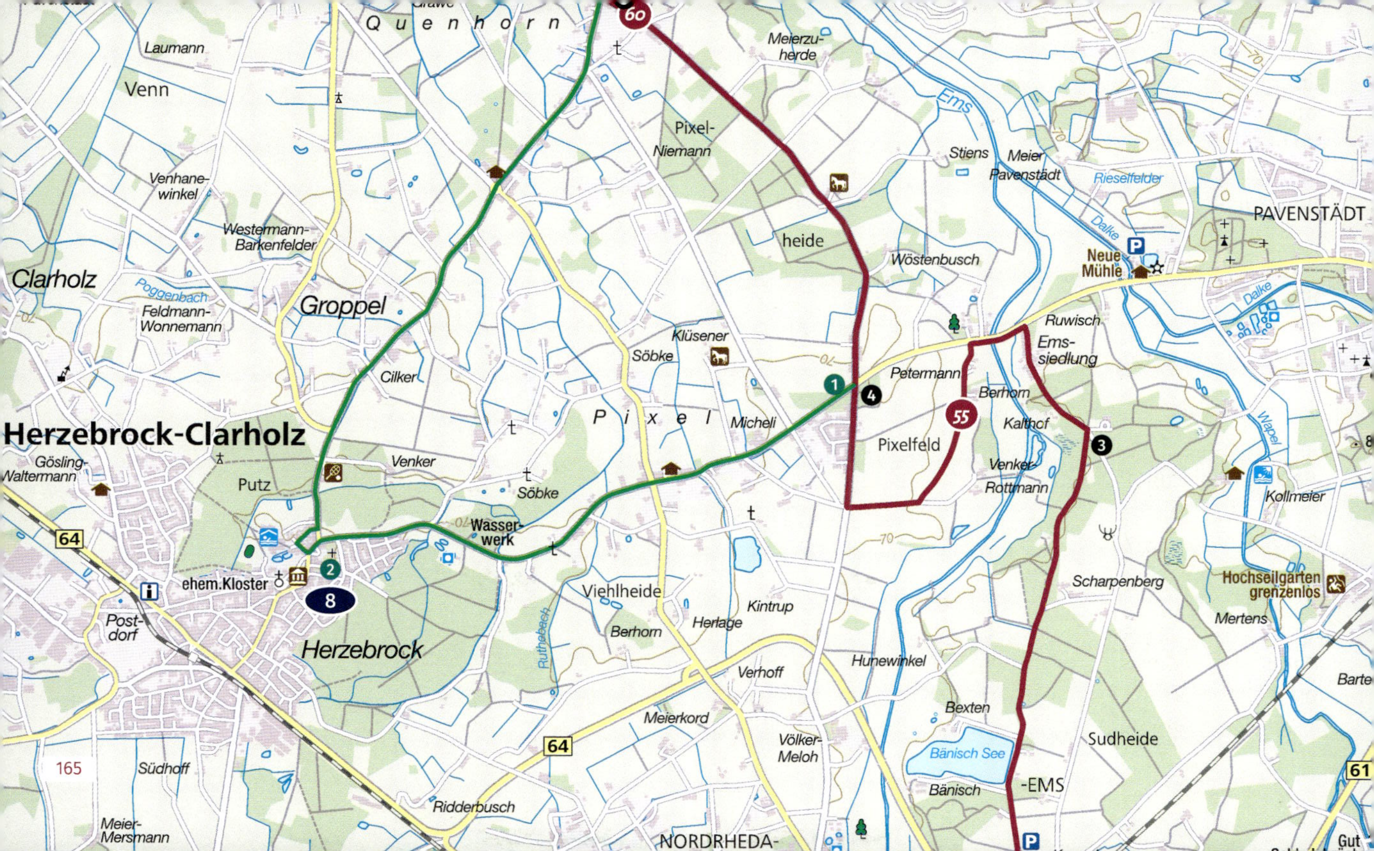
Quenhorn
Laumann
Venn
Meierzu-
herde
Pixel-
Niemann
Ems
Stiens
Meier
Pavenstädt
Rieselfelder
PAVENSTÄDT
Venhane-
winkel
Westermann-
Barkenfelder
heide
Wöstenbusch
Dalke
Neue
Mühle
Clarholz
Poggenbach
Feldmann-
Wonnemann
Groppel
Klüsener
Söbke
Ruwisch
Ems-
siedlung
Cilker
Petermann
Berhorn
Kalthof
Pixel
Micheli
Pixelfeld
Wapel
Herzebrock-Clarholz
Gösling-
Waltermann
Putz
Venker
Venker-
Rottmann
Kollmeier
Söbke
Wasser-
werk
64
ehem.Kloster
Scharpenberg
Hochseilgarten
grenzenlos
Viehlheide
Kintrup
Post-
dorf
Ruthebach
Berhorn
Herlage
Mertens
Herzebrock
Hunewinkel
Verhoff
Barte
Meierkord
Bexten
Sudheide
Völker-
Meloh
Bänisch See
Südhoff
Bänisch
-EMS
61
Ridderbusch
Meier-
Mersmann
NORDRHEDA-
Gut
60
55
70
1
2
3
4
8

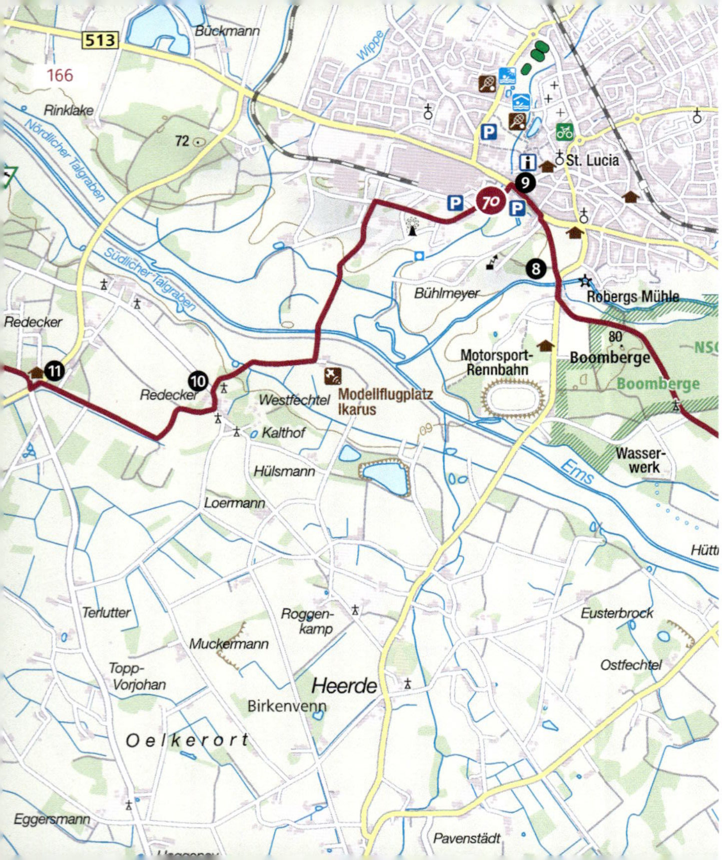

8 → links in den *Diepenbrocksweg* bis zur *B513*, auf dem parallel verlaufenden Radweg an **Harsewinkel** vorbei

9 → links in die Straße *Mühlenwinkel*, die Ems queren, nach den Parkplätzen (links) → links in die Straße *Tüllheide* → rechts in die *Kuhstraße*, die Ems queren und weiter auf der *Kuhstraße* bis zur T-Kreuzung

10 → links in die Straße *Kortenhegge* → rechts weiter auf der Straße *Kortenhegge*, ihrem Verlauf in einem S-Bogen zum **Gasthof Heidehof** folgen

11 → links auf die *Kreisstraße* → gleich rechts in den *Körgesweg*, dem unbefestigten Radweg bis zur Asphaltstraße folgen → rechts in den *Haarweg* bis zur Vorfahrtsstraße/*L831*

12 → rechts und auf der *L831*/*Beelener Straße* die Ems queren und bis zur nächsten Kreuzung

13 → links auf den *Warendorfer Landweg* an den Häusern von **Brockamp** und dem **Rastplatz** (Häuschen) vorbei vor zur Kreuzung (rechts geht es in die Residenzstadt **Sassenberg**)

14 → links auf der *Vohrener Straße* über die Ems, am Waldende → rechts weiter der *Vohrener Straße* zum **Wasserwerk** folgen

15 vor dem Wasserwerk → links über den **Axtbach**, danach → rechts auf der Straße *Vohren* zur T-Kreuzung

SASSENBERG
GREFFEN
Überems
Beelen
Dackmar
Western-
heide
Hülsmann
Jüttner
Budden-
kotte
Hemkemeier
Everwand
513
Nachti-
gäller
Schwer-
mann
Wesselmann
Brockamp
Sparenberg
In de Mersk
Rüschoff
Neue Mühle
Nördlicher Talgraben
Ems
Emsaue
Natur-
schutzgebiet
Südlicher Talgraben
Axtbach
Landhagen
Hagenbach
Roberg
Brameyer
Motorrad- u.
Oldtimer-Museum
West-
mattelmann
Graureiher-
kolonie
Bäcker
Blanken
Hagedorn
M a t t e l m a n n s
Redecker
Nord-
mann
Flütbach
Wiefel
Farwick
Mense
W ö s t e
Vornholt
T h i e r
H e i d e
Laumann-
Pötter
Land-
hagen
Wienker
Beckmann
Picker
Redecker
Heuer
Bußmann
Wasser-
werk
Wöstmann
Schulze
Vohren
Baune
Kuckelmann
Ostheide
Vohren
60
61
59
67
80
85
75
12
13
14
15

WARENDORF
Grüblingen
Mark
Venherm
Pomberg
Westrup
Hellweg
Twehues
Heuer
Ortsteinbach
Kooks Heide
DOKR / FN
Borgmann
Pelster
Neuhaus
Ketteler
Pelster-Meiteler
Borgmann
Landhagen
Hagenbach
Schwienheer
Western-heide
Hörstmann
Bundeswehr Sportschule
Aust
Mersch
Nordrhein-Westfälisches Landgestüt
Emshof
Beckmann
Everwand
Natur-
Ems
Axtbach
Herrlichkeit
Haus Werl
Emssee
Dahlmann
Ems
westlich
Kottruper
Seen
Warendorf
Lippermann
Afhüppe-Piepenhorst
Austermann
Klauenberg
Neuwarendorf
Schulze-Zumloh
Austermann
Gallenbach
Stadthagen
Walgernheide
Bockholt-von Spee
Albers
Terharen
Brinkmann
Stadthagen
Altefrohne
Specht
Baum-johann
Landrats-büsche
Holzbach
Fartmann
Albers
Hövener
Vohren
Hunken-möller
Ems-Hessel-See
60
70
60
59
64
64
475
475
10
95
90
16
17
18
19
20

→ rechts bis zu den Teichen und vor diesen → links dem *Mühlenweg* folgen

16 rechts am **Gasthof Alte Herrlichkeit** vorbei zur Ems, über die Emsbrücke → links durch die Emsauen am Freibad Warendorf vorbei zum **Emssee**, am Parkplatz → links Richtung Altstadt, über die Ems zum Historischen Rathaus am Markt von **Warendorf**

17 → rechts in die *Fleischhauerstraße* → links in die *Hohe Straße* → rechts in die *Münsterstraße* → rechts in den *Münsterwall*, im Rechtsbogen → links in die *Bleichstraße*, gleich → rechts zur **Teufelsbrücke**

18 vor der Brücke → links und rund 3 km am Emsufer entlang

19 → links, am Campingplatz vorbei zur T-Kreuzung → rechts zum **Kottruper See** → links am Ostufer entlang→ rechts in die Straße *Neuwarendorf*, weiter am See entlang

20 der Straße für 4 km nach **Müssingen** folgen

21 an der *L548/Einener Straße* → rechts und aus Müssingen hinaus zur Ems, über die Brücke und weiter zur Kreuzung in **Einen**, dort → links in die Straße *Einener Dorfbauerschaft*, nach den letzten Häusern → rechts weiter auf der Straße *Einener Dorfbauerschaft* bis zur *Kreisstraße*

Der Emssee in Warendorf

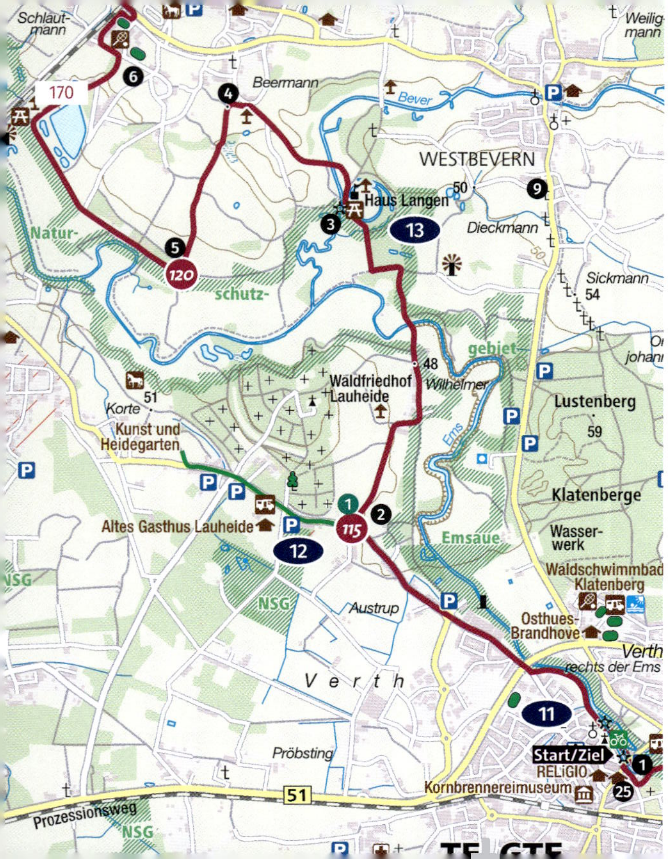

㉒→ links in die *Einener Straße* (Radweg), nach 4 km
㉓→ links in die Straße *Alte Rennbahn*, nach den Häusern (linker Hand) → rechts weiter auf der Straße *Alte Rennbahn*, auf einer Brücke die *B64* queren und vor zur Ems
㉔→ rechts am Emsufer entlang zur nächsten Emsbrücke, den Fluss queren und → rechts am linken Emsufer entlang durch die Emsauen zum Rathaus und zur
㉕**Emsbrücke** in **Telgte/ZIEL.**

START

❶Start an der Westseite der **Emsbrücke in Telgte**: Entlang des rechten Emsufers nach Norden, beim Wehr auf der Fußgängerbrücke die Uferseite wechseln → rechts und entlang des Emsufers bis zur Straßenbrücke, unter dieser durch und geradeaus weiter auf der *August-Winkler-Straße*, nach dem Kreisverkehr weiter geradeaus und auf der *August-Winkler-Straße* die Stadt verlassen, vor dem Friedhof an der Kreuzung

❶ An der Kreuzung geradeaus am Friedhof entlang bis zum **Kunst- und Heidegarten Lauheide**

❷ → rechts in die Straße *Verth*, vorbei an einer Picknickhütte, beim **Schulbauernhof Emshof** → links, die Ems queren, an der T-Kreuzung → links und im Rechtsbogen durch die Emsauen zum **Haus Langen.**

❸ → links an Wassergraben und Wassermühle vorbei, über die Ems und über die Felder zu einer Häusergruppe

❹ vor dieser im Linksbogen nach Süden, nach 1,3 km

❺ → rechts am Ausblick auf den **Altarm Ringemanns Hals** vorbei zu den Fischteichen im Südwesten von **Vadrup**, die **Fischteiche** umrunden, an der folgenden T-Kreuzung

❻ → links im Bogen zu den Gleisen, an diesen entlang, im spitzen Winkel nach rechts, → links die Rampe hoch und entlang der *L588* die Gleise queren und weiter der Landstraße folgen

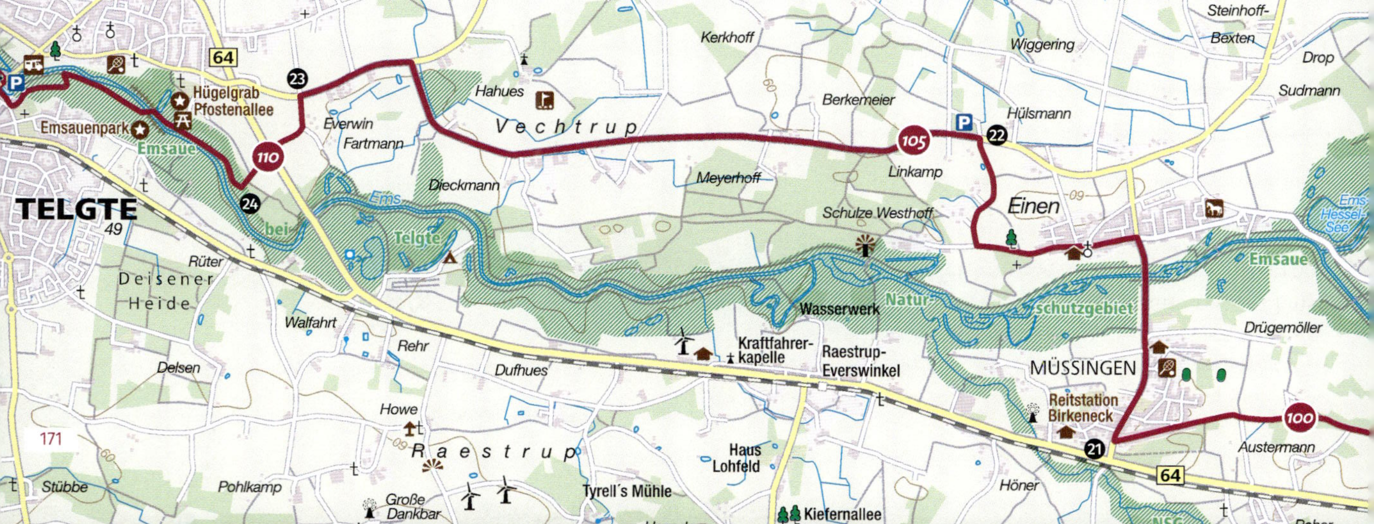

7 → nach rechts die *L588* verlassen und der Straße *Borgesch* folgen, bei den Höfen einen Rechts-, dann Linksbogen fahren und auf der Straße *Schultenhook* am Nordrand der Emsauen entlang, weiter auf der *Fuestrußer Straße* bis zu einer T-Kreuzung

8 → links kurz der *K45* folgen, dann → rechts.

Hier mündet die **Radroute Dortmund-Ems-Kanal** ein (siehe Kapitel 8)

Unter der *B481* hindurch, an der rechts liegenden **Alten Fahrt** vorbei zum Parkplatz vor dem Dortmund-Ems-Kanal

9 im spitzen Winkel nach → links und auf der **alten Kanalüberquerung** die Ems queren – rechts sieht man die neue Kanalüberführung, an der T-Kreuzung → rechts auf der *Gittruper Straße* den **Dortmund-Ems-Kanal** queren → rechts, gleich → links und geradeaus bis zum **Gittruper See**

10 → rechts in die *Gittruper Straße* und am See und dem **NSG Dabeckskamp** zur Ems, diese queren und weiter der *Gittruper Straße* folgen, am Westufer des **Bockholter Sees** vorbei, den Wegweisern folgend durch die **Bockholter Berge** bis zum Hermann-Löns-Stein

⓫ → links der *Gittruper Straße* zur Emsbrücke folgen, die Ems queren und weiter ins Zentrum von **Gimbte**

⓬ nach der Kirche → rechts auf die *K18/Dorfstraße* und auf dieser bis zu einer Y-Kreuzung → rechts in die Straße *Zur Kiebitzheide*, den Wegweisern bis zur Autobahn folgen, unter der *A1* hindurch und dem Straßenverlauf bis zur T-Kreuzung folgen

⓭ → rechts der *Grevener Straße* zur *L587* folgen → rechts auf den Radweg, die Ems queren, im spitzen Winkel

⓮ → rechts in die Straße *Am Freibad*, vor dem **Freibad Greven** → rechts unter der B219 hindurch und auf dem Emsdeich bis zur Brücke *Nordwalder Straße*

⓯→ rechts hoch zur *B219*, diese queren und an der *Kardinal-von-Galen-Straße* entlang zur übernächsten Kreuzung

Rechts führt die Straße *Hinter der Lake* Richtung Innenstadt, nach dem Busbahnhof links in die *Rathausstraße*, die in die **Altstadt von Greven** leitet.

⓰→ links in die *Friedrich-Ebert-Straße* → links in die *Josefstraße* und am Friedhof vorbei → rechts in den *Wentruper Weg*, an dessen Ende → links in die Straße *Am Diekpohl*, nach der Unterführung *(L587)* → rechts den Wegweisern durch den Wald **(Wentruper Berge)** folgen
⓱ → links auf den Asphaltweg zum **Wasserwerk**, nach dem Rechtsbogen die *B481* überqueren, an der T-Kreuzung → links auf der Straße *Winkelhoek* kurz zur Ems, dann zur *B219*, dort → links in die Straße *Pentruper Mersch* zum **Sachsenhof Pentrup**
⓲vom Museum weiter auf der Straße *Pentruper Mersch* durch die Felder, über die Ems nach **Hembergen**
⓳in **Hembergen** beim Gasthof → rechts in die Kreisstraße und auf dieser den Ort verlassen, nach 1,8 km
⓴→ links in den *Saerbecker Weg*, nach dem Linksbogen
㉑→ rechts auf einen Feldweg, den Schildern zum **Klärwerk Emsdetten** folgen, an diesem vorbei und vor dem Bach

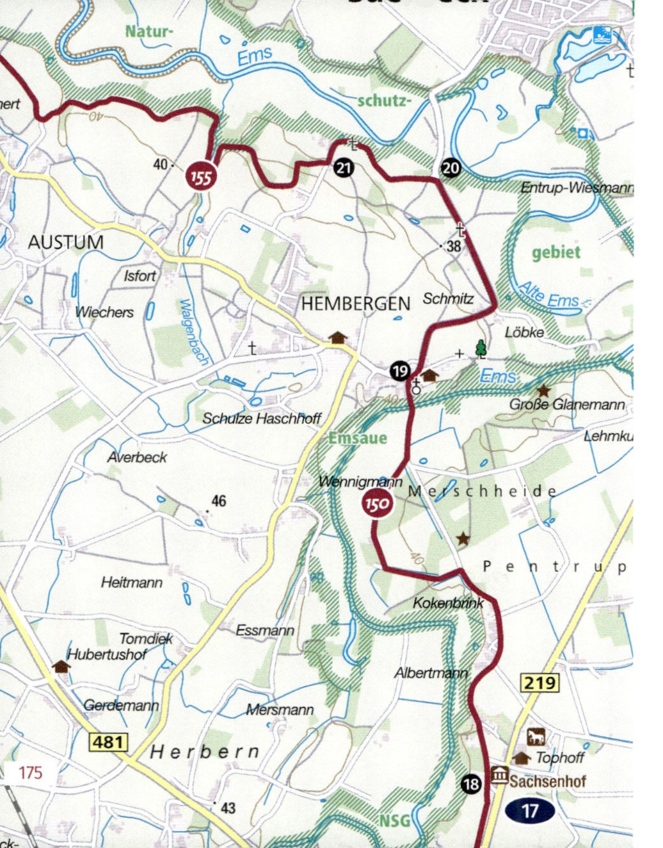

→ links vor zur Vorfahrtsstraße, die *Hansestraße* queren
→ rechts auf dem Radweg bis zur Bushaltestelle
22 → rechts in die Straße *Am Drivel*. Wo diese wenige Meter weiter nach links abbiegt, geradeaus auf den **Emsauen-Weg**, dieser umrundet eine Wohnsiedlung
23 → rechts dem **Emsauen-Weg** zur Ems folgen, dann entlang der Wohnsiedlung zum **Aussichtspunkt Emswiesen-Balkon**, weiter entlang des Emsauen-Wegs zur **Emswiesen-Aussichtsplattform**
24 danach den Mühlenbach queren und vor dem Parkplatz rechts parallel zur *B475* zur Ems, nach der Emsbrücke
25 → links hoch zur *B475*, auf dem straßenbegleitenden Radweg nach **Emsdetten** zum **Nordring/Ziel**.

Geradeaus auf der *Elbersstraße* geht es ins **Zentrum von Emsdetten.**

Start

❶ **Start** in **Emsdetten** am *Nordring*, diesen queren → rechts in die *Vinckestraße* und gleich wieder → rechts in die *Blücherstraße* → rechts in die *Lindenstraße*, unter der *B481* hindurch und geradeaus weiter auf der *Lindenstraße*, dann *Isendorf*, bei der Bushaltestelle „Abzweig Emsbrücke“

❷ → rechts, die Ems queren und am **Waldhotel** vorbei auf der Straße *Veltrup* zur *L590*, links dem Radweg folgen, nach 1,2 km → links in die Straße *Veltrup* abbiegen, diese macht mehrere Kurven, den Wegweisern folgen

❸ → links in die *Flöddertstraße* → links in den *Birkenpilzweg*, durch den Wald in eine **Ferienhaussiedlung** → links in den *Pfifferlingsweg* zum **Lokal Bockholter Fähre**.

❹ → am Lokal vorbei und an der Y-Gabelung → rechts in die Straße *Zur Bockholter Fähre*, diese mündet in die *Südstraße* ein, dort → zweimal links in den *Flurweg* zur *Brückenstraße* → rechts und

❺ vor den **Gewächshäusern** → links in die Straße *Trempenhegge* → rechts in die *Bachstraße* und auf dieser nach links am Mühlenbach entlang die Siedlung verlassen. Nach einem Rechtsbogen der *Bachstraße*

Geradeaus sind es 350 m zur **Fachwerkhofanlage Pöpping.**

❻ → links in die Straße *Zum Hasenpohl* und an **Elte** vorbei zur *L593/Schwanenburg* → rechts dem Radweg nach **Gellendorf** folgen.

❼ Am Ortseingang → links auf dem *Merschkenscheideweg*, in einem weiten Rechtsbogen die Wohnsiedlung umfahren → links auf dem Radweg neben der *L593* nach und durch **Gellendorf**

❽ vor den Gleisen → links zur Bahnunterführung → links entlang der Gleise zur Ems, über die **Soldatenbrücke**, bei nächster Gelegenheit → rechts zum Emsufer und entlang der Ems zur **Dionysbrücke** in **Rheine**

Auf Höhe der Dionysbrücke geht es links zum **Marktplatz.**

❾ vorbei an der **historischen Emsmühle** geht es weiter entlang des Emsufers aus der Stadt hinaus und auf dem *Bentlager Weg* zum **Kloster-Schloss Bentlage**

❶ Links auf dem *Schlossweg* zur **Saline Gottesgabe** und zum **NaturZoo Rheine**

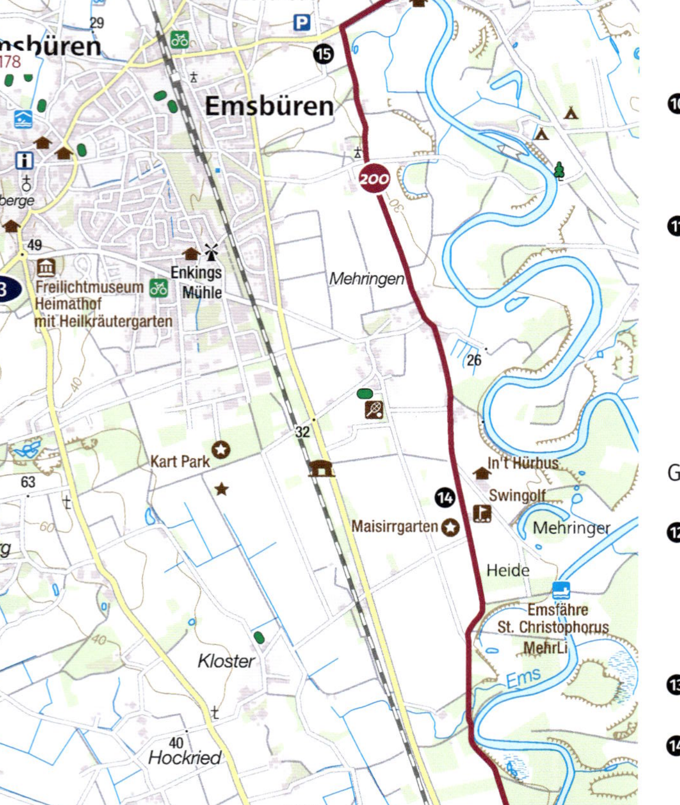

⓾→ links auf dem *Schlossweg* → rechts auf der *Pappelallee* zur *B70*, diesen unterquerenden Wegweisern über die Felder folgen, bei den Häusern von **Hummeldorf** (*Laugenweg*) vor der *L39*

⓫→ rechts geradeaus auf dem *Kreyerweg* nach Norden zur Ems, nach einem Linksbogen → rechts in den *Salzweg*, an der nächsten Kreuzung → links zur T-Kreuzung (Wegkreuz) → links und nach der Brücke → rechts am der Ems entlang zum **Campingplatz**, an der T-Kreuzung (Emsbrücke) → links, beim Kreisverkehr geradeaus weiter auf der *Emsstraße* zur Kreuzung vor den Bahngleisen

Geradeaus auf der *Emsstraße* ins Zentrum von **Salzbergen.**

⓬→ rechts in die *Mehringer Straße*, gleich wieder → rechts in die Straße *Wieschebrink*, das Wohngebiet durchfahren, wenig später unter der Autobahn hindurch zur Ems (ungeteert), geradeaus weiter zur nächsten Emsschlinge im Wald, an der Weggabelung

⓭geradeaus weiter, wieder auf Asphalt zum **Maislabyrinth Meringen/Salzgrotte Mehringer Heide**

⓮geradeaus weiter nach **Mehringen**, durch den Ort, geradeaus weiter (links liegt **Emsbüren** mit dem **Freilichtmuseum Heimathof**) bis zur *L58*/*Emsstraße*

Ahlde
33
13
195
Einhaus
Krübbenvenn
Ahlder
Wald
Landwehr
Wasser-
werk
Fleune-
graben
Salzbergen
6
Bexten
Käsevenn
Lauortken
Neu-
mehringen
Fallen-
brook
E30
34
3
Ems
34
Vorbexten
Pferde-Park
Holsterfeld
Feldhook
37
Öchtel
43
35
Holde
Salzbergen
12
Denkmals-
lokomotive
41
Feuerwehr-
museum
Wüste
190
Dalsterhoek
31
Holsten
Sand-
Achteresch
Langen-
berg
Vogel-
sang
49
Hummel-
dorf
NSG
hügel
Brinker
Gut
Stovern
11
NSG
Kutschen-
ausstellung
Steide
46
Steider
Heck
BENT-
40

⓯ dort → rechts, die Ems queren und der *L58* nach **Emsbüren-Helschen** folgen, im Ort → links in die Straße *Am Grünen Revier*, dieser nach **Gleesen** folgen

⓰ → rechts und gleich → links durch den kleinen Ort, auf der Straße *Zur Gleesener Schleuse* den Ort verlassen, den **Dortmund-Ems-Kanal** an der **Schleuse Gleesen** queren, nach der kleinen Brücke → links am rechten Kanalufer entlang bis der Weg endet

⓱ → rechts steil bergab und vor zur *Niederdamer Straße* → links und zwischen Stahlwerk und **Kernkraftweg Emsland/Zwischenlager Lingen** geradeaus zu den Gleisen, vorher im spitzen Winkel → links und an den Gleisen entlang zur Kanalbrücke, vor dieser die Bahnunterführung nehmen und kurz der Straße *An der Schleuse* (am Ems-Hase-Kanal entlang) folgen → rechts auf der *Schüttorfer Straße* hoch zur Kanalbrücke, den **Dortmund-Ems-Kanal** queren und auf der Straße *Elbergen* dem **Ems-Vechte-Kanal** nach Süden folgen

⓲ → rechts, den Kanal queren und an der nächsten Kreuzung geradeaus auf der Straße *Elbergen*, der Radweg folgt nun dem linken Emsufer, nach einem Linksbogen

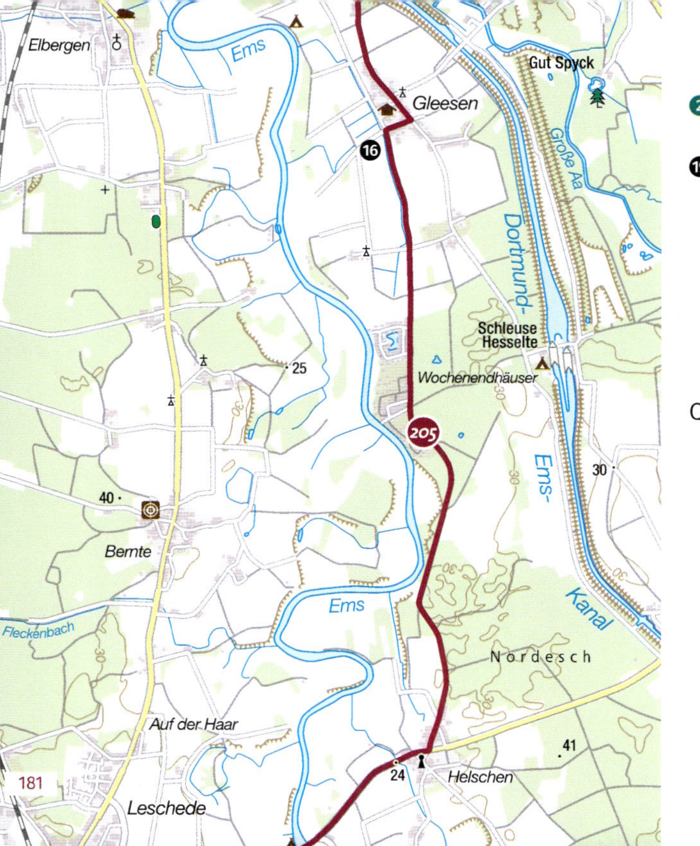

2 → links zum **Schloss Herzford** (nur Außenbesichtigung)

19 → rechts und geradeaus zur *B213*, vor dieser → rechts, unter der Straße hindurch und in einem Linksbogen auf die Bundesstraße, auf dem Radweg über die **Ems** (Alexanderbrücke), geradeaus bis zum **Dortmund-Ems-Kanal** → vor diesem links und dem linken Kanalufer nach **Lingen (Ems)** folgen, nach den Sportplätzen erreicht man einen 20 **Steg/Ziel**.

Quert man diesen, sind es knapp 1 km bis zum **Markt** im Zentrum von **Lingen (Ems).**

Dalumer Rull
182
Burg
Vredevort
Geeste
Oster-
Geester Sturzbach
Siedlung
Neuer Kamp
Dalumer-
fähr
240
Dalumer
Dalum
Ems
Holte
Holt-
brock
235
26
Speicherbecken
Geeste
Biener-
Dalumer
Moorbeeke
Bookhof
haar
Mark
Biener-
Busch
NSG
Biener Bach
Biener See
feld
Kottheide
Dalumer
Tannen
BIENE
230
Dalumer
Großer Sand
Wachendorfer
Tannen
Kanal
Neu
Holt-
hausen
Erdöl-
raffinerie
Emsland
HOLTHAUSEN
Feld
Ems-
Höhen-
pforten-
70

Start

❶ **Start**: Am **Steg**, der in die Altstadt von Lingen führt, geradeaus weiter am Kanal, bei der folgenden Kirchhofbrücke → links und → rechts in den *Horstweg*, um die Kläranlage herum und dann in einem Rechtsbogen weiter der Straße *Horstweg* über die Felder folgen.

❷ Bei der **Hofanlage** → schräg links in die Straße *Beversundern*, an der T-Kreuzung → links in die *Dalumer Straße/ L48*, am Beginn der Rechtskurve

❸ → rechts in den *Meschweg*, dieser kreuzt eine Straße und führt geradeaus als *Wachendorfer Straße* weiter → links in die *Kroppstraße*, die nach **Holthausen** führt

❹ → links in die Straße *Im Kamp Hoog* → rechts, dann → links in die Straße *Im Längenmarsch* → rechts in die Straße *Zum Biener Busch*

❺ gleich wieder → rechts weiter auf der Straße *Zum Biener Busch*, im weiteren Verlauf *Lange Straße* durch den nördlichen Teil der Ortschaft **Biene** zum Parkplatz am **Speicherbecken Geeste**.

❻ → links, dann → rechts in einem Bogen um den Geester See zum **Wohnmobilstellplatz** am Speicherbecken

❼ → links, dann → rechts in die Straße *Im Holte*, die Straße macht einen Schwenk nach rechts, dann links

8 → rechts in die *Hafenstraße*, vor der *Dalumer Straße*

9 → links, unter der Straße hindurch, in einem Rechtsbogen hinauf zur *Dalumer Straße*, die Ems queren und geradeaus weiter auf der Straße *Zur Emsbrücke* bis zum **Kreisverkehr** am Ortseingang von **Dalum**.

10 → rechts auf die *L48* und gleich wieder → rechts in die *Meppener Straße*, in einem Linksbogen zurück zur *L48*, kurz entlang der *L48*, dann → rechts in die Straße *Lehmkuhl* → links → rechts zum Emsknie

11 → vor diesem → links und geradeaus bis zur T-Kreuzung

1 → links der Straße *Dalän* nach **Große Hesepe** folgen

2 → rechts, dann gleich → links der *K232/Raiffeisenstraße* nach Westen zum **Heseper Torfwerk** folgen, danach an der Kreuzung

3 geradeaus auf der *Georg-Klasmann-Straße* unter der *A31* hindurch und danach → links in die Straße *Geestmoor* zum **Emsland Moormuseum**

Emsland Moormuseum: Feldbahn

⓬ dort → rechts und gleich → links nach **Klein Hesepe** zur *L48* → rechts und dann

⓭ → links in die *Feldstraße*, in der Wohnsiedlung → rechts, dann → links weiter der *Feldstraße* folgen

⓮ dort, wo die *Feldstraße* nach der Brücke links abbiegt → rechts in den Wald, nach dem Teich → rechts in die Straße *Am Tierpark* → links entlang der *L48*

⓯ → rechts in die Straße *Am Kraftwerk* → links in die Straße *Am Emsufer* → rechts weiter auf der Straße *Am Emsufer* am Ostrand von **Rühle** entlang, nach der Kirche

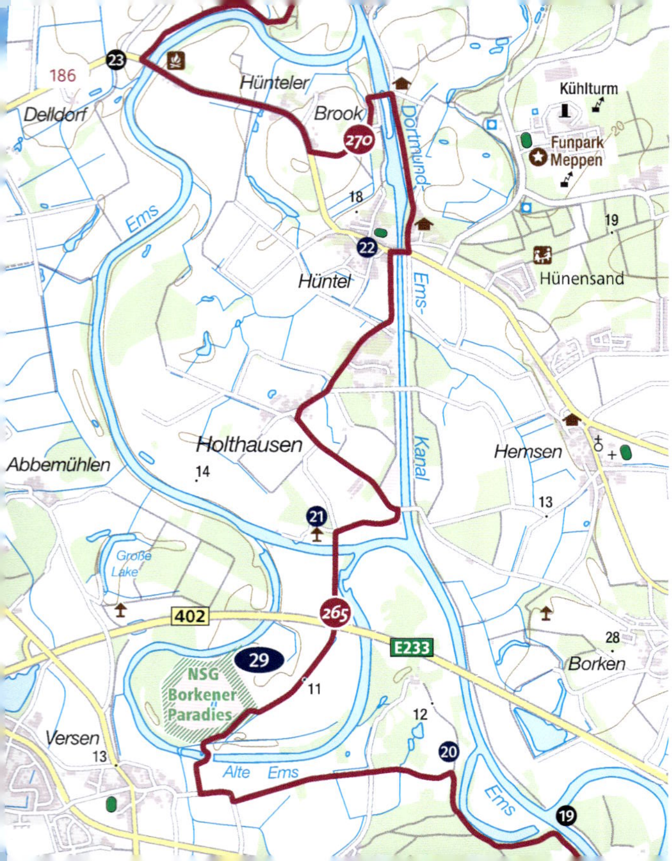

16 → rechts und den Wegweisern folgend durch die Emsauen zu den ersten Häusern von Meppen, dort

17 → rechts bis zur L47/Schullendamm → rechts auf den Radweg und unter der B70 hindurch bis zur **Emsbrücke** in **Meppen**

Über die Emsbrücke geht es in die **Altstadt** von **Meppen.**

18 Unter der Emsbrücke hindurch und der Ems (Dortmund-Ems-Kanal) am linken Ufer entlang durch die Stadt folgen

19 → rechts ab und der Schlinge des Ems-Altarmes folgen

20 → links und nach Westen zu einem zweiten Altarm südlich von Versen, beim Aussichtsturm das **Alte Versener Wehr** queren, an der nächsten Weggabelung → rechts entlang des **NSG Borkener Paradies**. Unter der Straßenbrücke hindurch, geradeaus und dann die Ems queren

21 → rechts in die *Wehrstraße*, vor der Kanalbrücke → links auf der *Holthausener Dorfstraße* nach **Holthausen**, dort → rechts weiter der *Dorfstraße* folgen, diese leitet zum Kanalufer und weiter nach **Hüntel.**

22 Den Kanal queren → links am Kanal entlang und bei der **Schleuse Hüntel** wieder über den Fluss und in einem Rechtsbogen bis zur T-Kreuzung, rechts in die Straße *Hüntelerbrook* und erneut die Ems queren

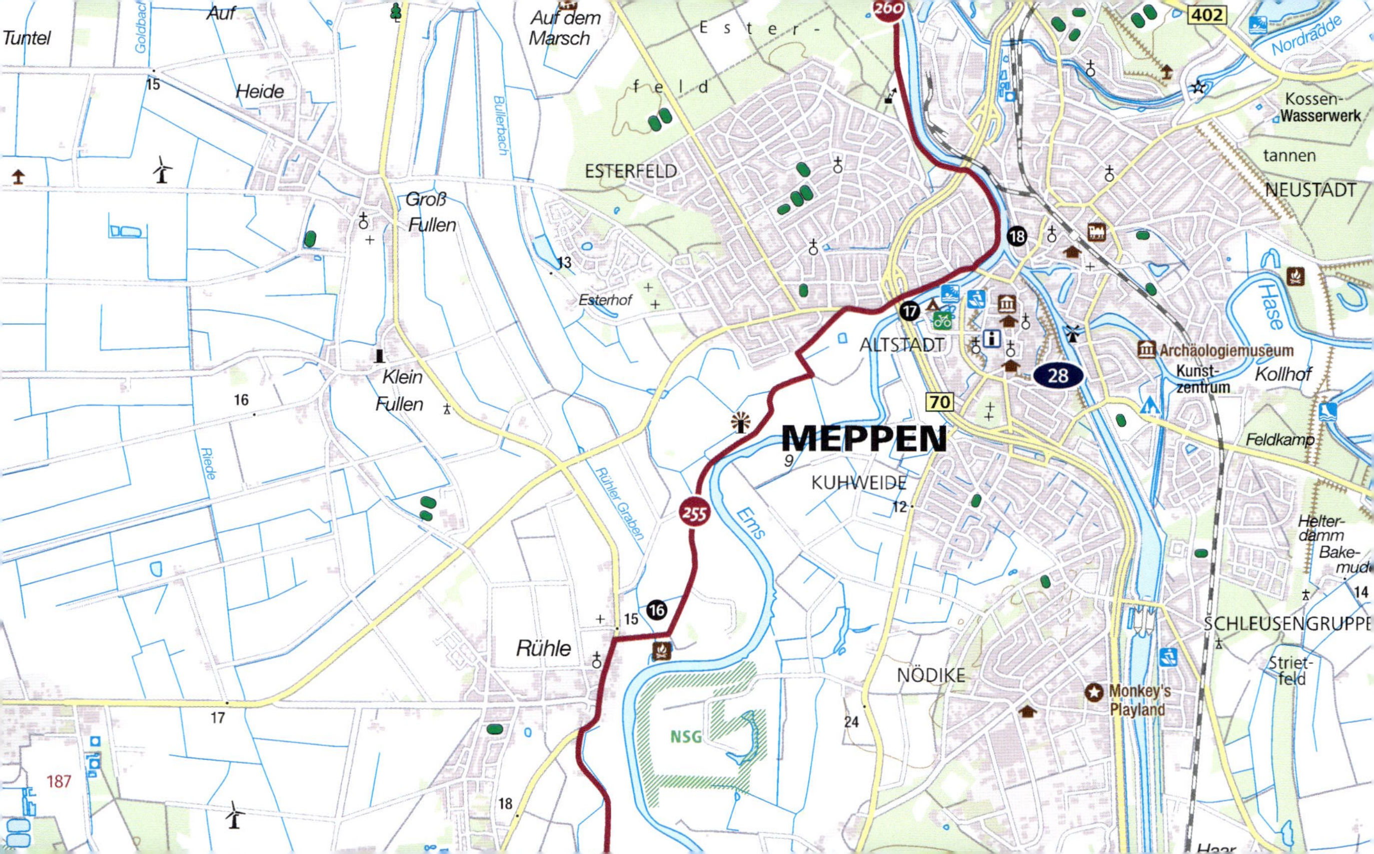

MEPPEN
ALTSTADT
NEUSTADT
ESTERFELD
KUHWEIDE
NÖDIKE
SCHLEUSENGRUPPE
Ester-
feld
Kossen-
Wasserwerk
tannen
Archäologiemuseum
Kunst-
zentrum
Kollhof
Feldkamp
Helter-
damm
Monkey's
Playland
Strietfeld
Esterhof
Groß
Fullen
Klein
Fullen
Rühle
Auf dem
Marsch
Auf
Heide
Tuntel
Hase
Ems
Nordradde
Bullerbach
Rühler Graben
Riede
Goldbach
NSG
402
70
260
255
28
18
17
16
187

23 Gleich nach der Emsbrücke → rechts in den *Spiekweg*, dem Verlauf der Emsschlinge folgen, dann macht der Weg einen Linksbogen, geradeaus zum Emsufer

24 nun dem Emsufer folgen, am links liegenden **Yachthafen Emspark** vorbei, zwei Brücken queren und weiter zum **Haren-Rutenbrock-Kanal**

4 → vor der Kanalbrücke → links in die *Deichstraße*, nach dem **Emsparstadion** → links in die Straße *Am Sportplatz*, unter der Straßenbrücke hindurch

5 → rechts in die Straße *Am Brookdeich* nach **Altharen** → rechts in die *Fontanestraße* und am Kreisverkehr

6 → links in die *Wesuwer Straße* bis zum nächsten Kreisverkehr in **Krüssel**

7 → rechts in die *Krüsselstraße*. Beim Golfplatzgelände (auf der linken Seite) → rechts zum

8 **Gut Düneburg**

25 Den **Haren-Rutenbrock-Kanal** an der Schleuse queren und geradeaus auf der Schleusenstraße bis zur

26 *Emmelner Straße* in **Haren (Ems)/Ziel.**

Links geht es auf der *Emsstraße* in die Altstadt von **Haren (Ems).**

Start

1 **Start:** An der Kreuzung *Emsstraße/Emmelner Straße* (Emsbrücke) geradeaus weiter auf der *Hafenstraße* → rechts am Hafenbecken der Straße *Am Alten Hafen* folgen, die Straße macht einen Knick nach links, nach dem Hafenbecken

2 → rechts in die Straße *Bockholter Weg* → links in die *Zeppelinstraße* bis zur Kreuzung beim **Mühlenmuseum Haren (Mersmühle)**

1 geradeaus weiter auf der *Zeppelinstraße* am Mersbach entlang, die *Zeppelinstraße* macht einen Linksbogen und quert den **Haren-Rütenbrock-Kanal**

2 → geradeaus weiter auf der *Rentmeisterstraße*, den Mersbach queren, nach der Brücke

3 → links auf der *Schloßallee* zum

4 **Schloss Dankern.**

3 → rechts auf die *L48/Mühlenberg*, dann *Landegger Straße* nach **Landegge**

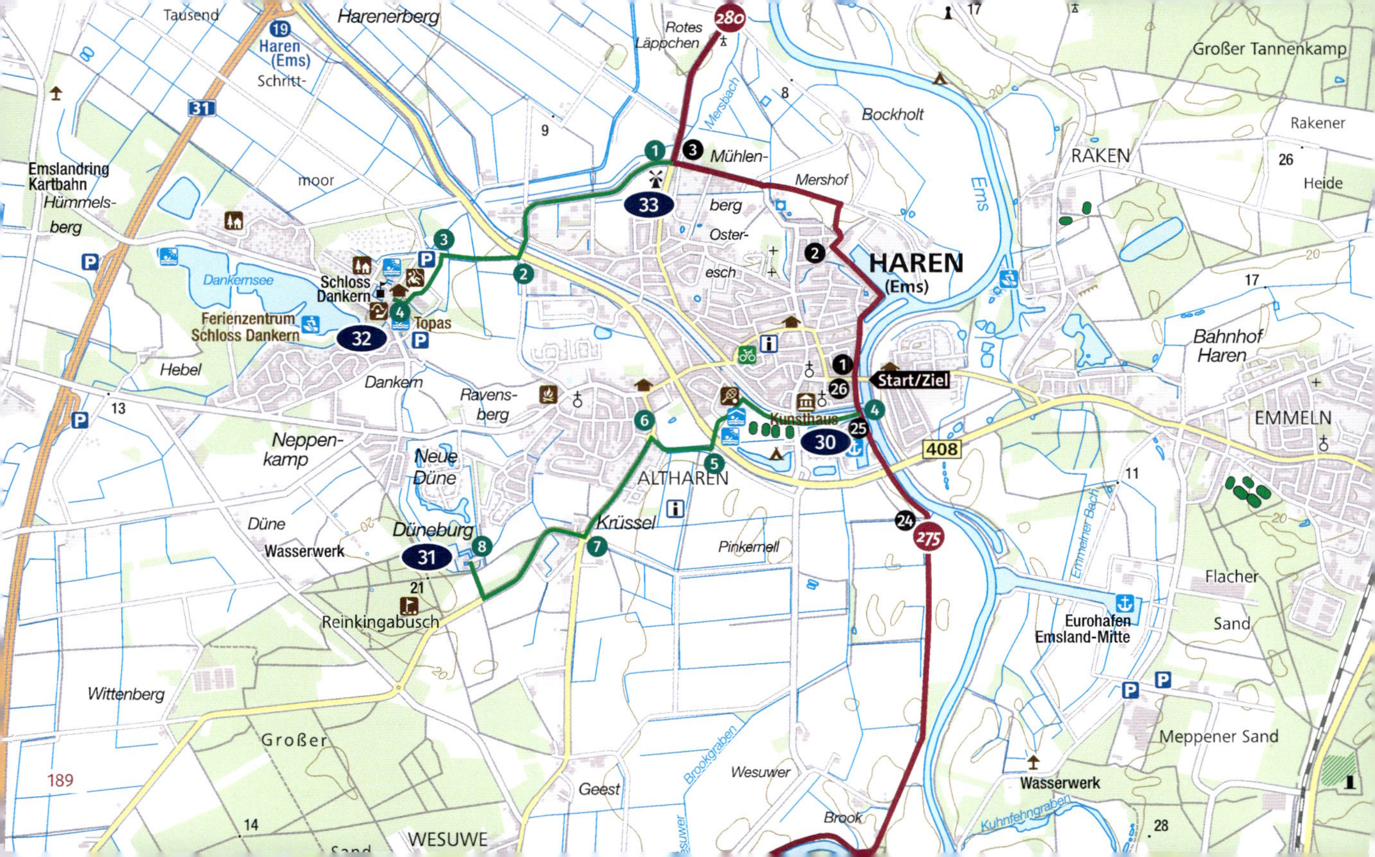

HAREN
(Ems)
Start/Ziel
Tausend
Harenerberg
Haren
(Ems)
Schritt-
moor
Rotes
Läppchen
Mersbach
Bockholt
Großer Tannenkamp
Rakener
RAKEN
Heide
Emslandring
Kartbahn
Hümmels-
berg
Mühlen-
berg
Mershof
Oster-
esch
Ems
Dankernsee
Schloss
Dankern
Ferienzentrum
Schloss Dankern
Topas
Hebel
Dankern
Ravens-
berg
Kunsthaus
Bahnhof
Haren
EMMELN
Neppen-
kamp
Neue
Düne
ALTHAREN
Krüssel
Pinkernell
Düne
Düneburg
Wasserwerk
Reinkingabusch
Emmelner Bach
Flacher
Sand
Eurohafen
Emsland-Mitte
Wittenberg
Großer
Meppener Sand
Brookgraben
Wesuwer
Geest
Brook
Kuhnfehngraben
WESUWE

❹→ links in die Straße *Landegge-Dorf*, nach der Linkskurve auf dem Radweg parallel zur *L48*

❺→ rechts im spitzen Winkel zur Ems (Beobachtungs- und Aussichtsturm), am Ufer entlang, nach dem Campingplatz

❻→ rechts und auf dem Emswehr die Ems queren, die **Emsinsel** queren und bei der **Schleuse Hilter** den Dortmund-Ems-Kanal queren.

❺ geradeaus dem Verlauf der *Hilter Straße* folgen

❻ →rechts in die Straße *Hilterberg* zur

❼ **Windmühle Hilter Mühle**

❼→ am rechten Emsufer auf dem *Leinpfad* entlang bis zum Sportboothafen → rechts auf der *Marschstraße* am **Campingplatzgelände** entlang, nach dem Teich → links weiter auf der *Marschstraße* nach **Lathen**, am Ortseingang

❽→ *rechts in die Burgstraße* → *links in die* Hauptstraße → rechts in die *Große Straße* → links in die Straße *Kleiner Esch* → rechts wieder in die *Hauptstraße*

❾→ links in die Straße *Am Kriegerdenkmal* →rechts in die *Mühlenstraße* zur *L53*, diese queren und gleich

⑩ → *links in die Düther Straße, dann* Lathener Straße zum **Dortmund-Ems-Kanal**, am Kanal entlang bis zur **Schleuse Düthe**, nach der Querung eines Baches

⑪ → links zum rechten Emsufer und am Fluss entlang bis **Steinbild**. Am Ortseingang

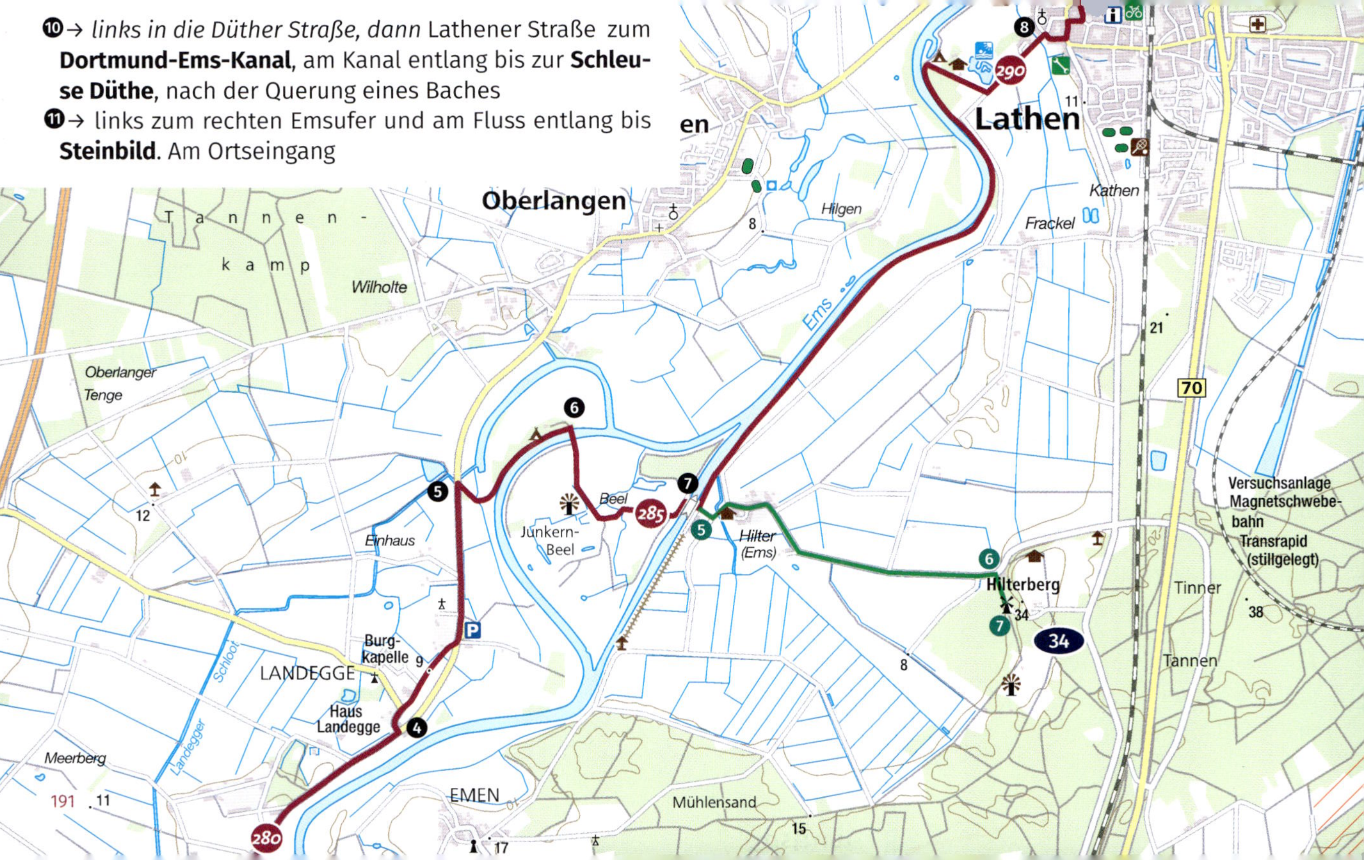

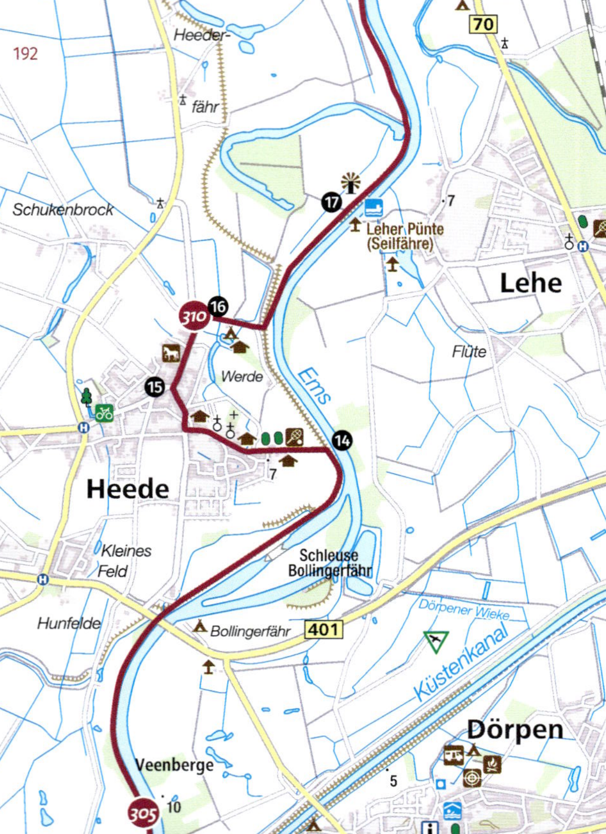

⓬→ links an der Kirche von **Steinbild** vorbei auf der *Kirchstraße* bis zur *Emsstraße* (T-Kreuzung) → links auf der *Emsstraße* die Ems queren und der *L59/Steinbilder Straße* folgen, am Campingplatz vorbei

⓭→ rechts den Weg zur Ems nehmen, am Emsufer entlang, in einem Bogen um den **Marinapark Emstal** und zurück zur Ems, am Ufer entlang, am **Altarm Rodo** und einer Schutzhütte (auf Höhe des Wendebeckens Dörpen) vorbei, unter der Straßenbrücke hindurch und danach rechts am Kanal entlang auf der Straße *Bollingerfähr* zur **Schleuse Bollingerfähr**, danach im Linksbogen

⓮→ links nach **Heed**e, an zwei Kirchen vorbei, im Ort → rechts in die *Kirchstraße*, geradeaus weiter auf der *Hauptstraße*

⓯→ rechts in die *Marschstraße*

⓰→ rechts auf der *Emsstraße* zum Emsufer →links am Ufer entlang zur **Fähre Leher Pünte**

⓱ weiter geradeaus entlang des Westufers bis zum **Segelfluggelände Alte Ems**

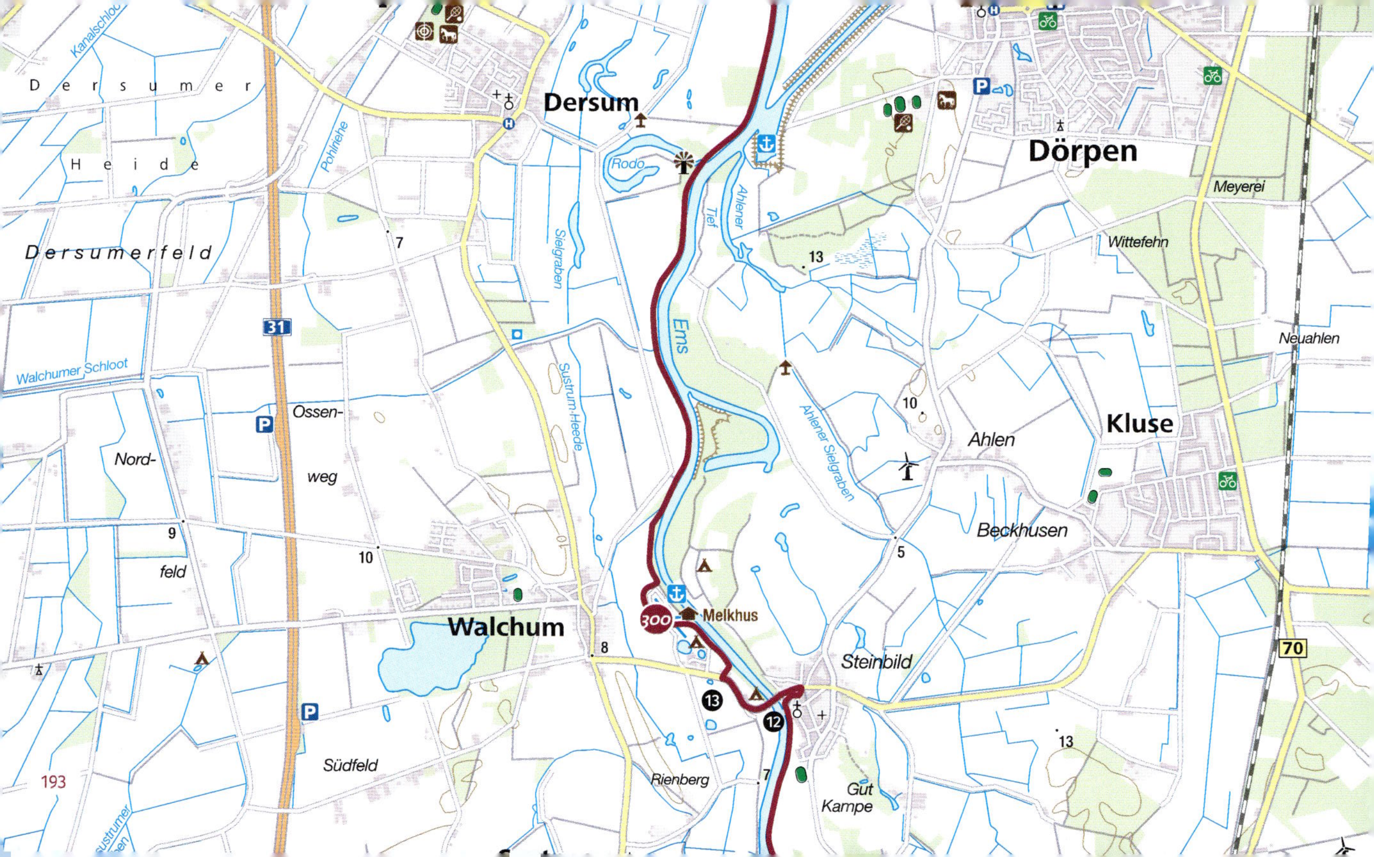

Dersumer Heide
Dersum
Dörpen
Meyerei
Kanalschloot
Pohlriehe
Rodo
Ahlener Tief
Dersumerfeld
Sielgraben
Wittefehn
Ems
Neuahlen
31
Walchumer Schloot
Sustrum-Heede
Ahlener Sielgraben
Ossen-weg
Nord-feld
Ahlen
Kluse
Beckhusen
Walchum
Melkhus
300
Steinbild
70
13
12
Südfeld
Rienberg
Gut Kampe
Sustrumer

⑱→ rechts die Ems, die Landzunge und den Kanal queren, in einem Rechtsbogen auf den Kanaluferweg fahren und am Ostufer entlang zur **Schleuse Herbrum**, noch kurz weiter am Kanal entlang, dann

⑲→ rechts in die *Emsstraße*, am Gewerbegebiet von **Aschendorf** vorbei

⑳→ rechts in die *Rehder Straße*, am Kreisverkehr links, über eine kleine Brücke und den Parkplatz in einem Rechtsbogen umrunden

㉑→ links in die *Große Straße*, nach der Kirche dem Straßenverlauf in einem Rechtsbogen folgen, die Bahngleise überqueren und weiter auf der *Emdener Straße* → nach dem Fußballfeld an der Ampel

⑧ *nach den Gleisen → rechts in den Weg* Am Michelisplatz zur *Lindenstraße* → schräg rechts in die Straße *Altenkamp* zum **Gut Altenkamp**

㉒→ links in die *Lange Straße* → rechts in die Straße *Bülte II*, dieser für knapp 2 km geradeaus folgen, nach den letzten Häusern an der folgenden Kreuzung

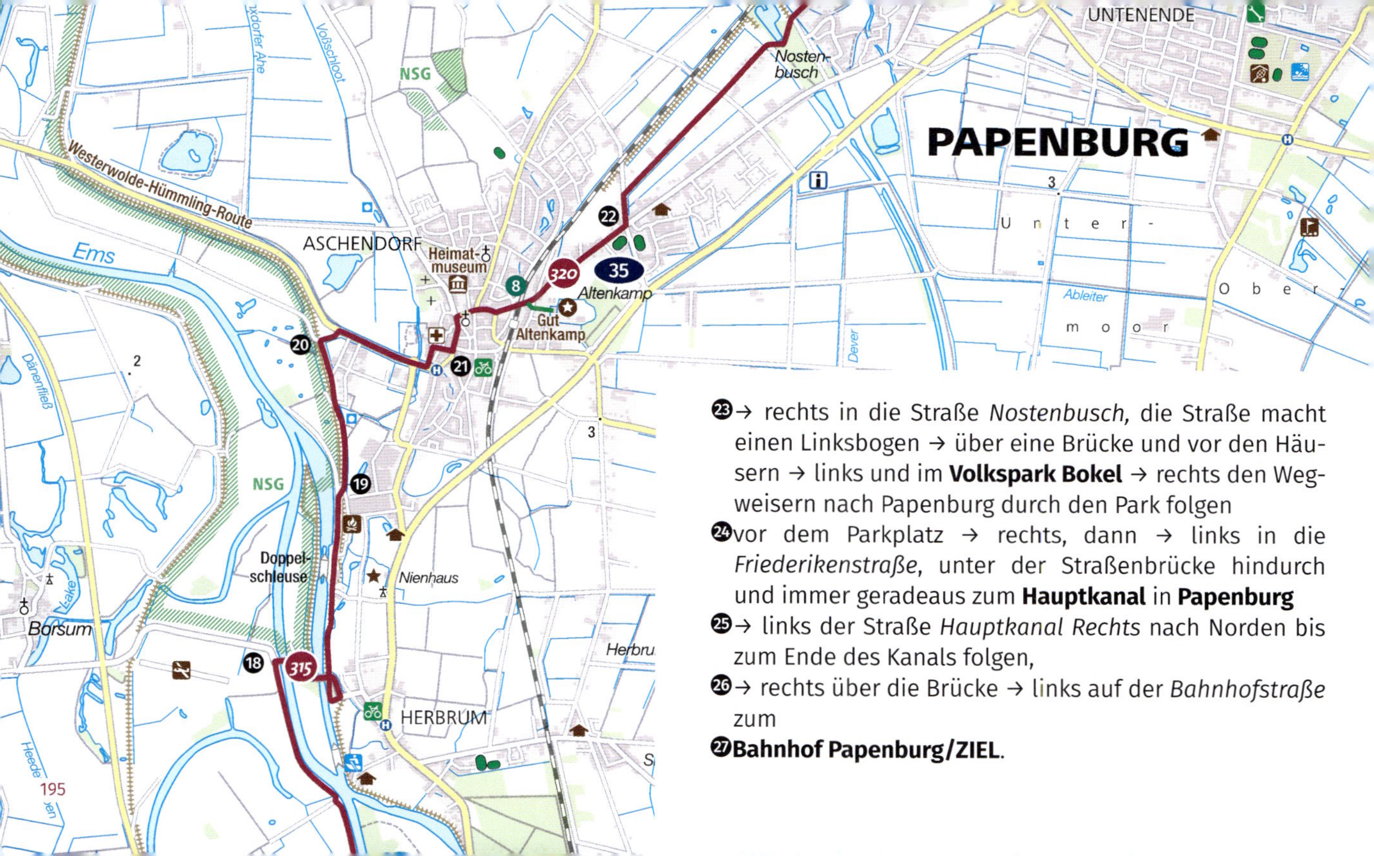

❷❸→ rechts in die Straße *Nostenbusch*, die Straße macht einen Linksbogen → über eine Brücke und vor den Häusern → links und im **Volkspark Bokel** → rechts den Wegweisern nach Papenburg durch den Park folgen

❷❹vor dem Parkplatz → rechts, dann → links in die *Friederikenstraße*, unter der Straßenbrücke hindurch und immer geradeaus zum **Hauptkanal** in **Papenburg**

❷❺→ links der Straße *Hauptkanal Rechts* nach Norden bis zum Ende des Kanals folgen,

❷❻→ rechts über die Brücke → links auf der *Bahnhofstraße* zum

❷❼**Bahnhof Papenburg/ZIEL**.

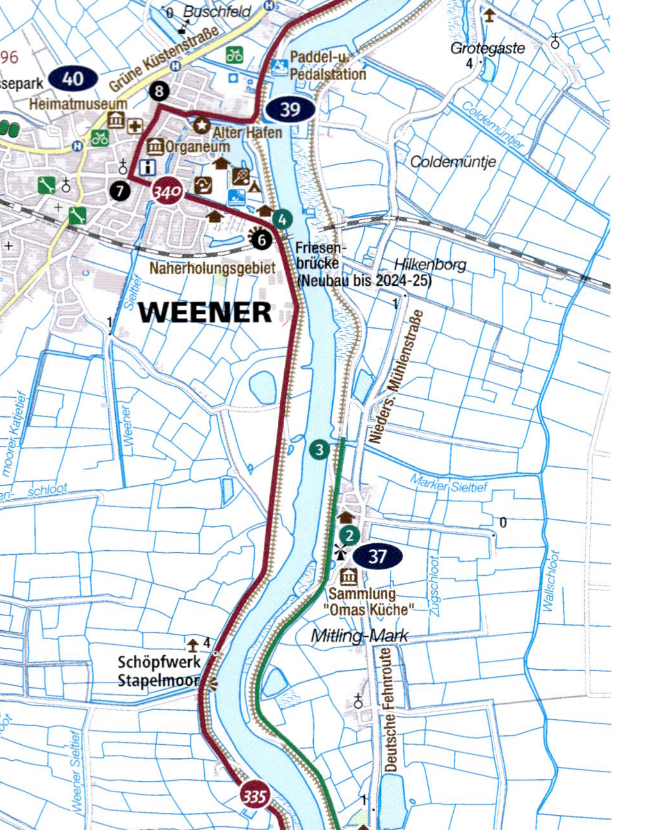

Start

❶Vom **Bahnhof Papenburg** auf der *Bahnhofstraße* nach Osten zur Kreuzung *Zur Seeschleuse* → links in die Straße *Zur Seeschleuse*, ein Hafenbecken queren und weiter auf der Straße *Wehrdeich* zum Abzweig zum Yachtclub

❶Geradeaus weiter auf der Straße *Wehrdeich* zur Deichverteidigungslinie, an der T-Kreuzung → rechts der *Deichverteidigungsstraße Süd* der Ems flussabwärts zur **Mühle Mitling-Mark** folgen

❷weiter geradeaus zum Anleger der

❸**Friesenfähre Westoverledingen**

❷→links zum **Yachtclub**, rechts am Hafenbecken vorbei, erst über die **Seeschleuse**, dann die **Dockschleuse** zum **Parkplatz** des

❸**Besucherzentrums Meyer Werft Papenburg**.
Auf der *Emsbrücke/Rheiderlandstraße* die Ems queren, danach → rechts in die *Halter Straße* und an den Gewächshäusern entlang zum Parkplatz des **Restaurants Reiherhorst**

❹ dort → links, am Teich vorbei, an der Bushaltestelle → rechts um die Gewächshäuser herum in einem Rechtsbogen zur Straße *Nesseburg*

❺ → links am Emsdeich entlang nach **Weener**, unter der Bahnbrücke (Friesenbrücke) hindurch

❹ geradeaus geht es zum Anleger der **Friesenfähre Westoverledingen** in **Weener**

❻ → links in die *Friesenstraße*, dann *Osterstraße* bis zur Kirche

❼ → rechts auf der *Norderstraße* zum **Alten Hafen**

❽ → rechts in die Straße *Am Hafen links*, am Wasser entlang und im Linksbogen in die Straße *Zum Schöpfwerk*, immer am Deich entlang an **Ferstenborgum, Middelstenborgum, Kirchborgum** und **Coldam** zum Abzweig nach Leer an der *B436*

Eppingawehr
Neu Jemgum
Jemgum
355
Jemgumer Sand
NSG
Thedingaer Vorwerk
Jemgumerfä
Nieders. Mühlenstraße
Spül-feld
Nüttermoorersie
Klimpe
Sappenborg
Neu Sappenborg
Jemgum-kloster
Ukeborg
HOHEGASTE
Deddeborg
Bentumersiel
Steinhaus
Bentumers Sieltief
Soltborg
Leer-
Siedlung Soltborg
Emstunnel
Ems
Holtgaste
Jemgum
Bingumer
Ems-seitenkanal
Oldersum
Tergaster
Tammegast
Rorichumer
Memgoster Schloot
Paddel-u.Pedalstation
Siedlung Neue Straße
Rorichum
Venneplatz
Woltersterborg
Lüttjelogerschloot
Mühlenstraße
Hatzum
Hatzumer Sand
Störtebekerstraße
Buschplatz
Middelsterborg
Langehaus
Terborg
Eilingwehr
Boomborg
Coldeborgersiel
360
Ems
Midlumer Sand
Coldeborg
Dwarstief
Coldeborger Sieltief
42
Ziegeleimuseum Midlum
Critzum
Bürgstede
Midlum
Eppingawehr

❺ Auf dem Radweg der *Emsstraße* über die **Jann-Berghaus-Brücke** fahren, die Straße macht einen Linksbogen

❻ → rechts durch einen Grüngürtel fahren, nach der Ludgene-Schule mündet der Radweg in die Straße *Südehammerich* ein, auf dieser zu einer T-Kreuzung

❼ → links und gleich → rechts in die *Neue Straße*, sie führt ins Stadtzentrum von **Leer (Ostfriesland).**

❾ → links entlang der Straße *Am Bingumer Deich* nach **Bingum,** über das **Großsoltborger Sieltief**, nach der Brücke

❿ → rechts und am Deich an **Jengum** vorbei nach **Midlum**

⓫ → rechts liegt das **Ziegeleimuseum Midlum**. Geradeaus weiter an Critzum und Hatzum vorbei nach **Ditzum**

⓬ → links auf die Straße *Zum Emsdeich* → rechts auf der Kreisstraße zur

⓭ **Fähre nach Petkum**

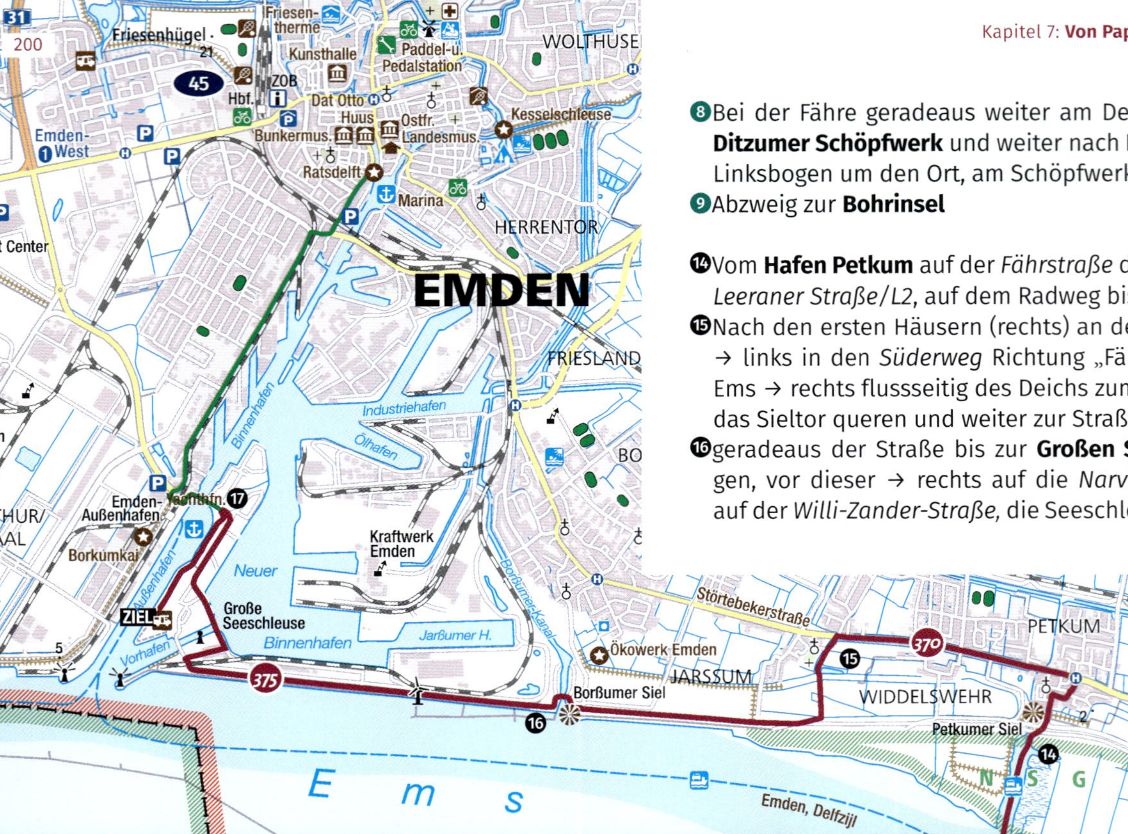

8 Bei der Fähre geradeaus weiter am Deich entlang zum **Ditzumer Schöpfwerk** und weiter nach **Pogum**, in einem Linksbogen um den Ort, am Schöpfwerk vorbei zum

9 Abzweig zur **Bohrinsel**

14 Vom **Hafen Petkum** auf der *Fährstraße* durch den Ort zur *Leeraner Straße/L2*, auf dem Radweg bis **Jarßum**

15 Nach den ersten Häusern (rechts) an der Bushaltestelle → links in den *Süderweg* Richtung „Fähre Borkum" zur Ems → rechts flussseitig des Deichs zum **Borßumer Siel**, das Sieltor queren und weiter zur Straße *Zum Südkai*

16 geradeaus der Straße bis zur **Großen Seeschleuse** folgen, vor dieser → rechts auf die *Narvikstraße* → links auf der *Willi-Zander-Straße*, die Seeschleuse queren (hat

nicht immer offen), die Straße geht im Rechtsbogen in die *Hafenstraße* über

⓱ In der Linkskurve → links in die Straße *Am Jachthafen* abbiegen, das Straßenende markiert das **Ende des EmsRadwegs**.

Vom Ziel ist die Fahrt in die Innenstadt ausgeschildert: zurück zu ⓱ → links über die **Nesselander Schleuse** → links in die *Nesselander Straße*, immer geradeaus, die Bahngleise queren, an der Folgekreuzung → links weiter auf der *Nesselander Straße*, dann *Am Delft* bis zum *Rathausplatz* von **Emden.**

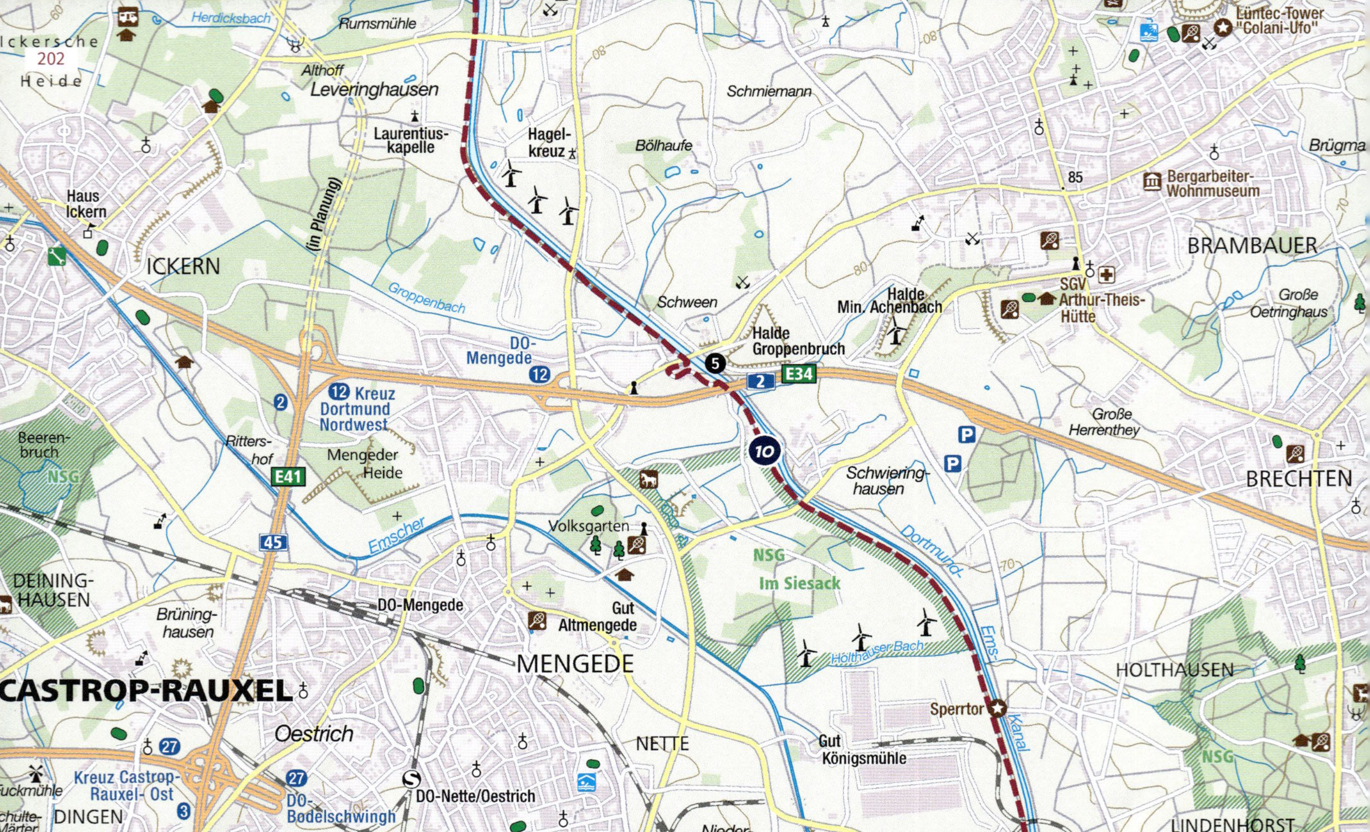

Ickersche Heide
Herdicksbach
Rumsmühle
Althoff
Leveringhausen
Laurentius-kapelle
Hagel-kreuz
Schmiemann
Bölhaufe
Lüntec-Tower "Colani-Ufo"
Brügma
85
Bergarbeiter-Wohnmuseum
BRAMBAUER
Haus Ickern
ICKERN
(in Planung)
Groppenbach
Schween
Halde Min. Achenbach
SGV Arthur-Theis-Hütte
Große Oetringhaus
Halde Groppenbruch
DO-Mengede
12
2
E34
5
12 Kreuz Dortmund Nordwest
Große Herrenthey
Beeren-bruch
NSG
Ritters-hof
E41
Mengeder Heide
10
Schwiering-hausen
BRECHTEN
Emscher
45
Volksgarten
Dortmund-
NSG
Im Siesack
DEINING-HAUSEN
Brüning-hausen
DO-Mengede
Gut Altmengede
MENGEDE
Holthauser Bach
Ems-
HOLTHAUSEN
CASTROP-RAUXEL
Oestrich
Sperrtor
Kanal
NETTE
Gut Königsmühle
27
Kreuz Castrop-Rauxel-Ost
3
27
DO-Bodelschwingh
DO-Nette/Oestrich
NSG
DINGEN
Nieder-nette
LINDENHORST

Start

❶ Start am **Hauptbahnhof Dortmund** (Südseite) → links in den *Königswall*, nach dem Parkplatz → rechts in die *Bahnhofstraße* → rechts durch die Unterführung und geradeaus auf der *Schützenstraße* bis zum **Freizeitpark Fredenbaum**, nach dem Klinikum

❷ → links (*Westerholz*), dann → rechts, an der Weggabelung → links, über eine Brücke und vor dem Cricketfeld → links und geradeaus zur **Minigolfanlage**, an dieser links vorbei und in einem weiten Rechtsbogen durch den Park

❸ → links zur Straße *Westerholz* (links das Gelände des Ruderclubs), an der Kreuzung → im spitzen Winkel → links auf der *Weidenstraße* über den **Dortmund-Ems-Kanal (DEK)**, nach der Brücke → rechts in den *Alten Erlenweg*, an der Weggabelung → rechts zum Kanalufer.

❹ → links und dem Radweg am Kanal entlang folgen: Industriehafen, Freibad Hardenberg Deusen, zwei Bahnbrücken, eine Straßenbrücke, IKEA-Gelände, es folgt ein Linksbogen, eine Straßenbrücke und die Autobahnbrücke. Beim **Gewerbegebiet** Königsheide

❺ → links in die Straße *Im Sielsack*, nach dem Rechtsbogen → rechts und → links unter der Straßenbrücke hindurch, für 7 km dem Uferweg folgen, beim Parkplatz → rechts in die Straße *Am Hebewerk*

❻ → rechts zum **Schiffshebewerk Henrichenburg**, über den Kanal → links dem Uferweg zur **Alten Schachtschleuse**

❼ vor dieser → rechts hoch zur *L511/Provinzialstraße* → rechts und über den Kanal, geradeaus weiter zur *B235*

❽ → rechts dem Radweg entlang der *B235/Wittener Straße* nach **Datteln**, unter der Bahnbrücke hindurch und geradeaus weiter

❾ → rechts in die *Emscher-Lippe-Straße*, über den Kreisverkehr zum **Emscher-Lippe-Park**, die Straße macht einen Rechtsbogen, nach dem nächsten Kreisverkehr → links auf den Radweg zu einem Parkplatz

❿ → links in die *Herdiekstraße* bis zu einem Parkplatz, dort → rechts in die *Lörighofstraße*, an der Y-Kreuzung → links in die *Oberschlesienstraße* → rechts in die *Beisenkampstraße*

⓫ links in die *Gertrudenstraße* → rechts auf den *Südring* Der Radweg folgt dem Linksbogen des *Südrings*

Die *Gertrudenstraße* führt geradeaus ins Zentrum von **Datteln**

⓬ nach der Kreuzung (*Hafenstraße*) → rechts in den Weg, an der T-Kreuzung

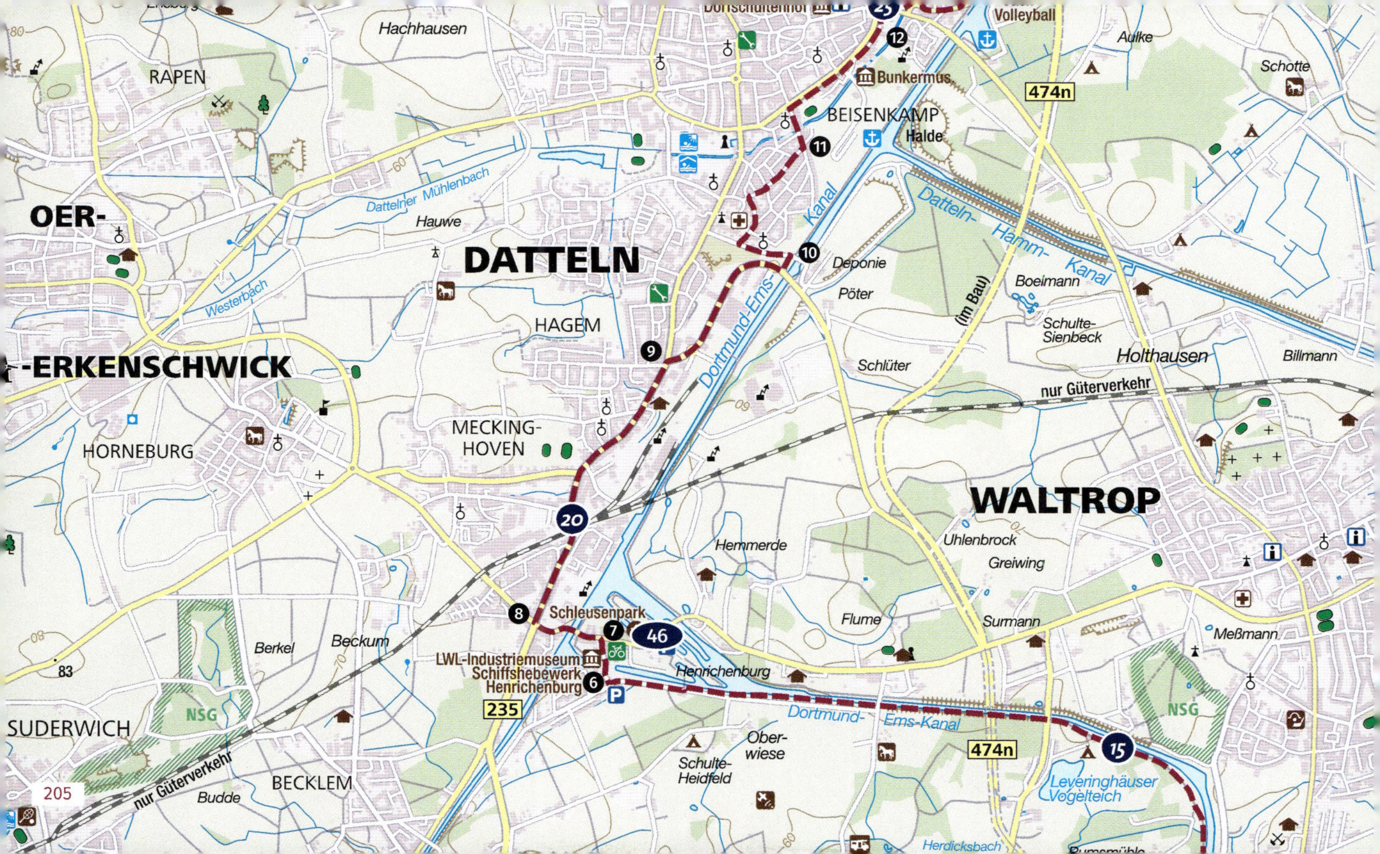

Hachhausen
RAPEN
OER-
-ERKENSCHWICK
HORNEBURG
Dattelner Mühlenbach
Hauwe
Westerbach
DATTELN
HAGEM
MECKING-
HOVEN
BEISENKAMP
Bunkermus.
Halde
Volleyball
Aulke
Schotte
474n
Kanal
Deponie
Pöter
Datteln-Hamm-Kanal
Boelmann
(im Bau)
Schulte-
Sienbeck
Holthausen
Billmann
Schlüter
Dortmund-Ems-
nur Güterverkehr
WALTROP
Uhlenbrock
Greiwing
Hemmerde
Flume
Surmann
Meßmann
Schleusenpark
LWL-Industriemuseum
Schiffshebewerk
Henrichenburg
Henrichenburg
235
Berkel
Beckum
83
SUDERWICH
NSG
nur Güterverkehr
Budde
BECKLEM
Dortmund-Ems-Kanal
Ober-
wiese
Schulte-
Heidfeld
474n
Leveringhäuser
Vogelteich
Herdicksbach
NSG

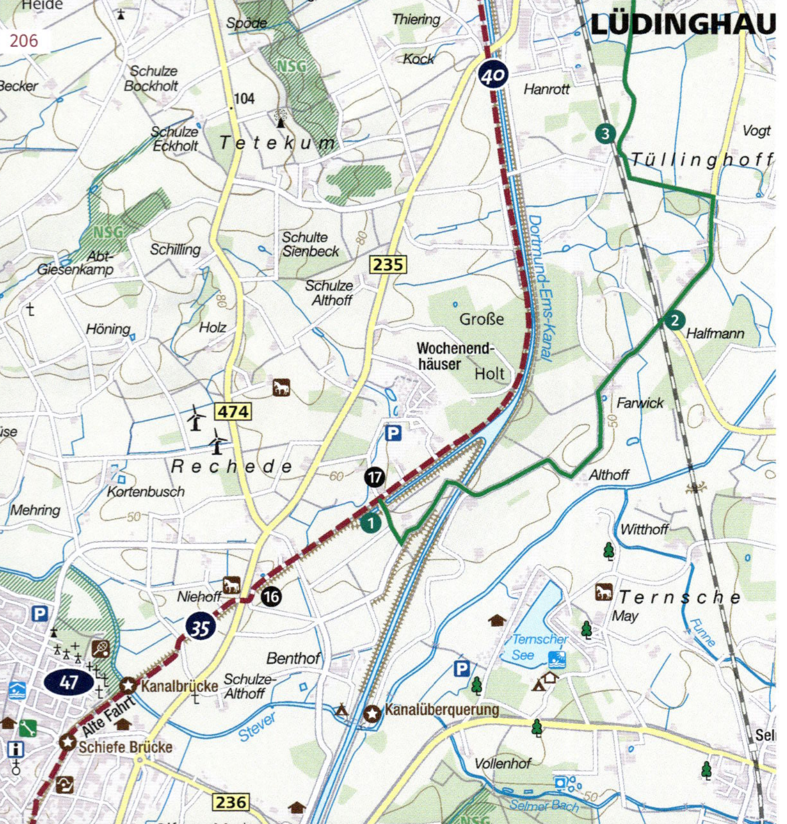

⓭ → links in die *Hafenstraße*, an der Weggabelung → links weiter auf der Hafenstraße, die in einem Rechtsbogen in die Uferpromenade übergeht. Immer am Wasser entlang zur **Schleuse Datteln**, auf dieser den Wesel-Datteln-Kanal queren und am Kanalufer entlang zurück zum DEK, unter der Brücke hindurch, dann

⓮ → links und am linken Ufer der **Alten Fahrt** zur **Kanalbrücke Alte Fahrt** – auf dieser über die Lippe und weiter zum Ortseingang von **Olfen**. Auf der Straßenbrücke über die *B235* und geradeaus zur T-Kreuzung

⓯ → rechts in die *Hafenstraße*, gleich links auf den Radweg am rechten Ufer der Alten Fahrt, der Radweg folgt dem zugeschütteten Kanal durch den **Stadtpark,** über die **Schiefe Brücke** zur **Dreibogenbrücke** über die Stever und weiter bis zur Asphaltstraße

⓰ geradeaus, unter der *B235* hindurch und gleich →links und den Wegweisern nach der Kreuzung auf den Dammweg bis zum **Parkplatz am Yachtclub** folgen

⑰ → links und → rechts und nun dem Kanalufer der **Alten Fahrt Rechede** zum DEK folgen, am linken Kanalufer entlang, am Campingplatzgelände Osterfeld vorbei zur Weggabelung.

Bis zur Einmündung der Alternativstrecke über Lüdinghausen (⑲) sind es 8,5 km.

❶ Beim Parkplatz → rechts in die Straße Voßkamp → links in die K14, diese quert in einem Rechtsbogen den DEK, es folgt eine Rechts-, dann Linkskurve, an Einzeigehöften vorbei zur Bahnüberführung, und fährt

❷ an der Kreuzung weiter geradeaus auf der Tüllinghofer Straße zur nächsten Kreuzung (Bushaltestellen) → links in den *Gutschenkweg* zur Bahntrasse, vor dieser → rechts, bei der Bahnbrücke

3 → rechts weiter der Straße *Tetekum*, dann *Kranichholz* zu den ersten Häusern von **Lüdinghausen** folgen

4 geradeaus bis zur T-Kreuzung (*Bahnhofstraße*) → rechts und gleich wieder → links in die Straße *Telgengarten*

5 → im Rechtsbogen vor der *B235* → links zur *B235*, auf dem Radweg die *B48* queren und der *Steverstraße* folgen, nach dem Parkplatz (rechts) → links in den *Kapitelweg*, an der Y-Kreuzung → rechts zur **Burg Lüdinghausen**

6 bei der Gräftenbrücke zur Burg geradeaus weiter (*Zur Münzstätte*) → rechts dem

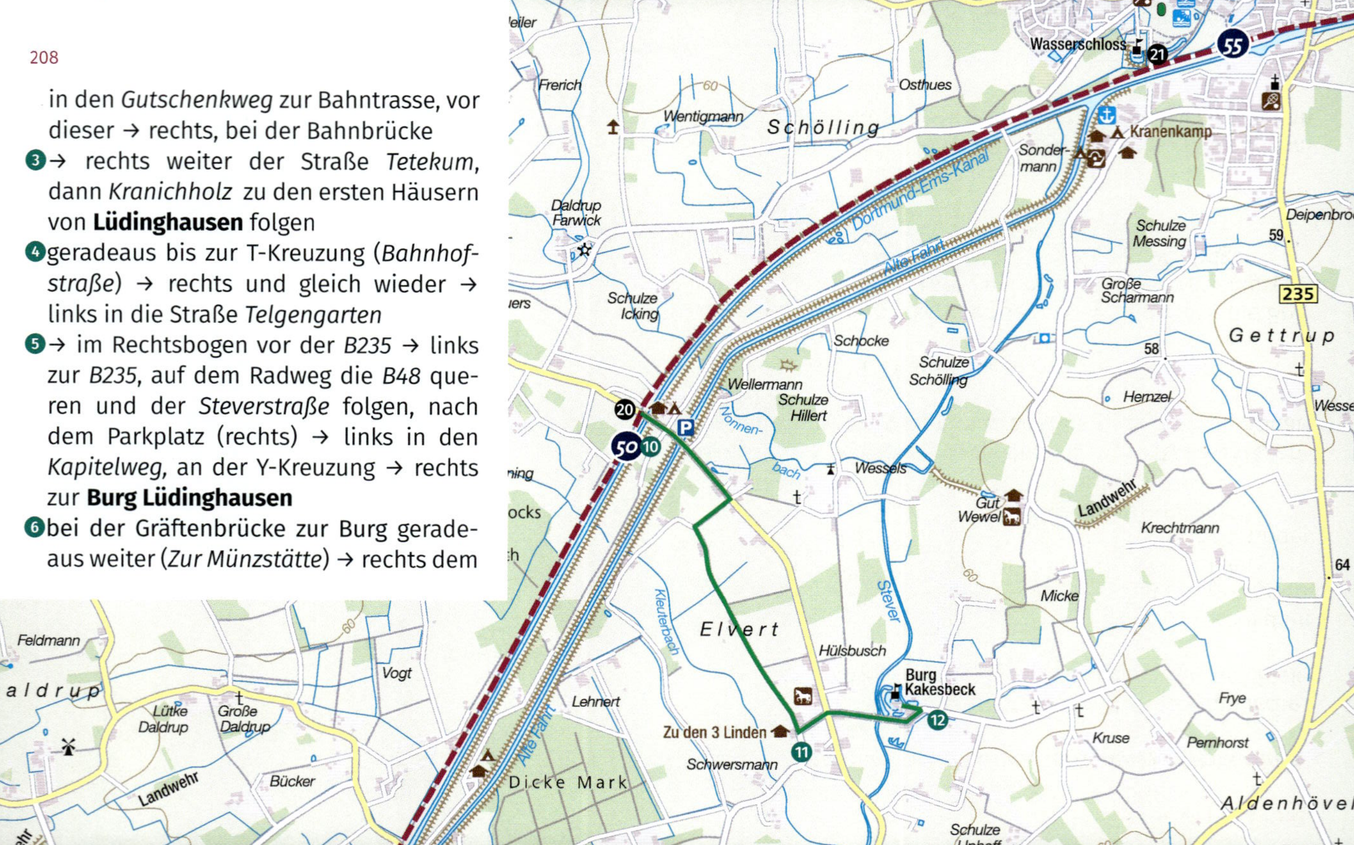

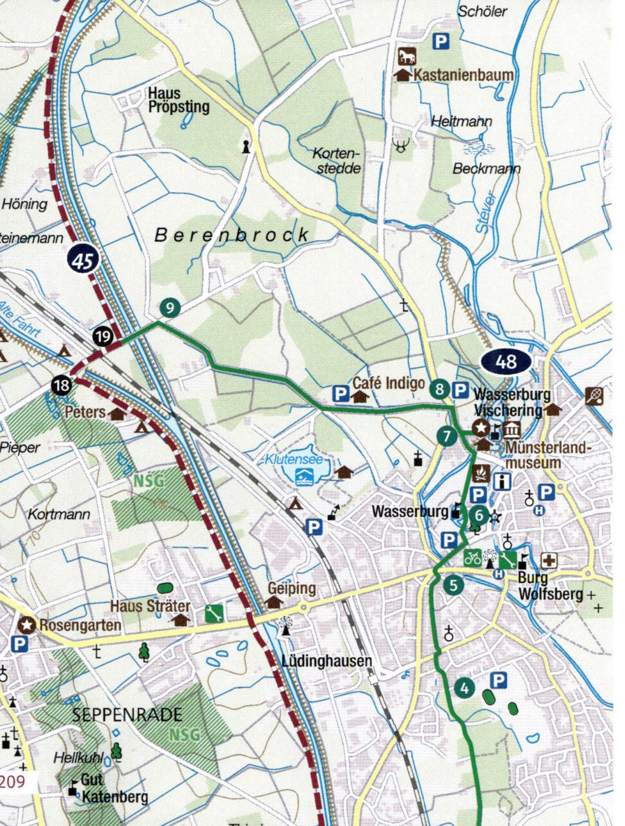

Kapitelweg in einem LInks*bogen durch den Park Stadtlandschaft zur* Klosterstraße

7 → rechts geht es zum Eingang der **Wasserburg Vischering,** der Klosterstraße, dann Erbdrostenweg am Parkplatz vorbei folgen

8 → links in den Klutendamm, am Café Indigo vorbei dem Klutendamm bis zu einer Y-Kreuzung folgen (Hof), dort → rechts weiter der Straße bis zur Kreuzung folgen

9 → links und über die Kanalbrücke. Hier trifft man wieder auf die Hauptroute.

18 An der Weggabelung → rechts über die **Alte Fahrt,** anschließend die Bahnlinie queren und vor zur Kanalbrücke

19 → links und am Kanalufer zur zweiten Kanalbrücke

10 → rechts die Brücke über den DEK und danach die Brücke über die Alte Fahrt nehmen und der *Hiddingseler Straße* zur Abzweigung zum Haus Kakesbeck folgen

11 → rechts auf dem *Kakesbecker Damm* zur

12 **Burg Kakesbeck.**

20 → links und am Kanalufer entlang zum Abzweig zum **Wasserschloss Senden** (250 m), er kommt kurz nach dem Wehr und der Marien-Kapelle

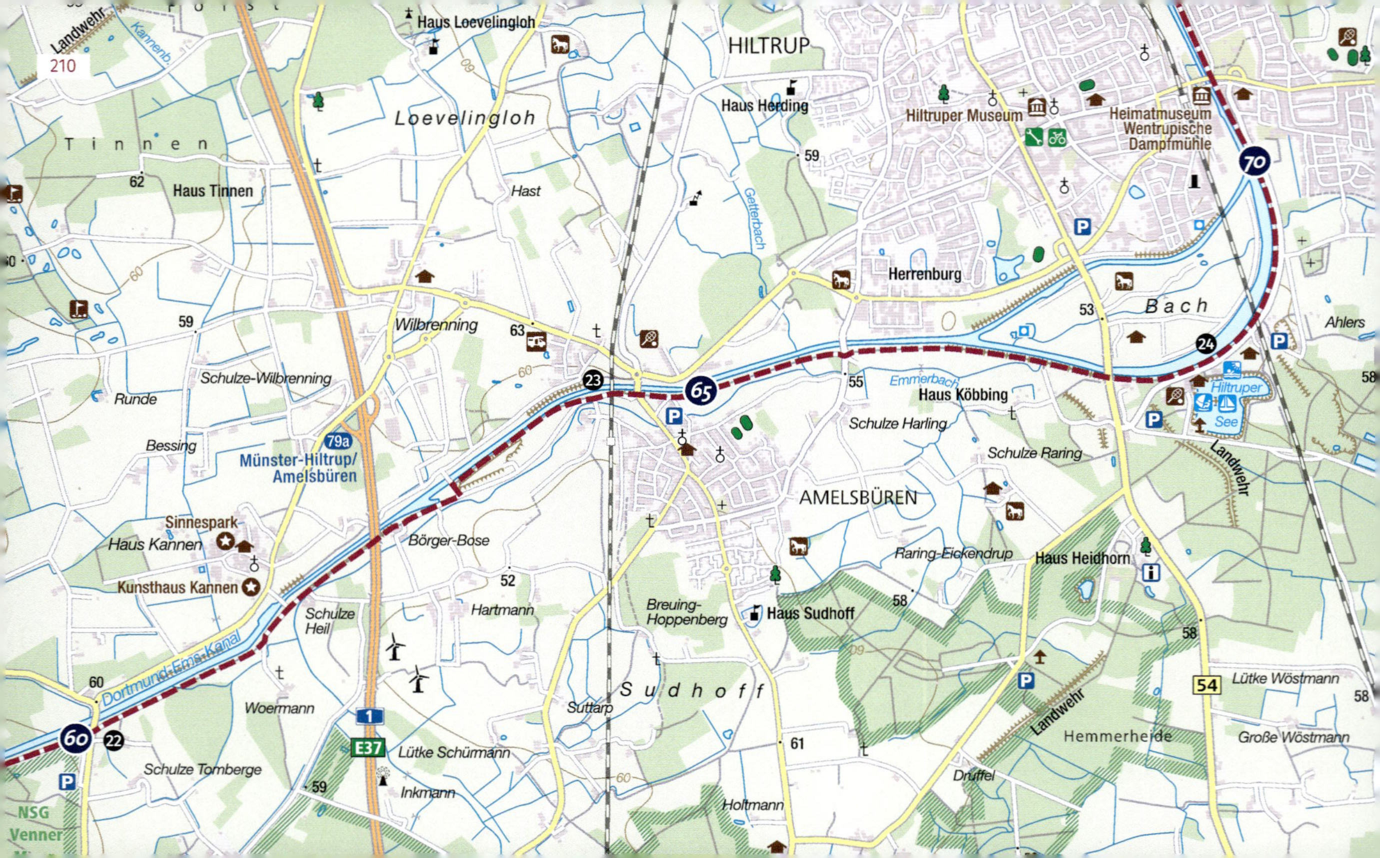

Haus Loevelingloh
HILTRUP
Loevelingloh
Haus Herding
Hiltruper Museum
Heimatmuseum
Wentrupische
Dampfmühle
Tinnen
Haus Tinnen
Hast
Getterbach
Herrenburg
Bach
Ahlers
Wilbrenning
Schulze-Wilbrenning
Runde
Emmerbach
Haus Köbbing
Hiltruper
See
Schulze Harling
Schulze Raring
Bessing
Münster-Hiltrup/
Amelsbüren
AMELSBÜREN
Landwehr
Sinnespark
Haus Kannen
Kunsthaus Kannen
Börger-Bose
Raring-Eickendrup
Haus Heidhorn
Schulze
Heil
Hartmann
Breuing-
Hoppenberg
Haus Sudhoff
Dortmund-Ems-Kanal
Woermann
Suttarp
Sudhoff
Lütke Wöstmann
Schulze Tomberge
Lütke Schürmann
Inkmann
Holtmann
Druffel
Hemmerheide
Große Wöstmann
NSG
Venner

Für einen Besuch der **Innenstadt von Senden** folgt man nach der Brücke über die Stever dem nördlich des Flusses verlaufenden Radweg

㉑ entlang der Uferpromenade an Senden vorbei, unter der Straßenbrücke hindurch, bei der folgenden Brücke → rechts über den Kanal → links und am kleinen Yachthafen vorbei, weiter dem rechten Kanalufer folgen – rechts liegt das **Venner Moor**, in das Wege hineinführen

㉒ weiter am Kanal entlang, nach der Autobahnbrücke und dem kleinen Hafen → links in die Straße *Zur Börgerbrücke*, noch vor dieser → rechts und weiter am Kanal entlang bis kurz vor der Bahnbrücke (rechts liegt die Hofanlage Haus Amelsbüren)

㉓ unter der Bahnbrücke hindurch zum Parkplatz des Hiltruper Sees

㉔ für ~10 km folgt der Radweg dem Linksbogen des Kanals nach Münster, am Ende der Wohnsiedlung erreichen wir die Kanalbrücke *Zum Guten Hirten*.

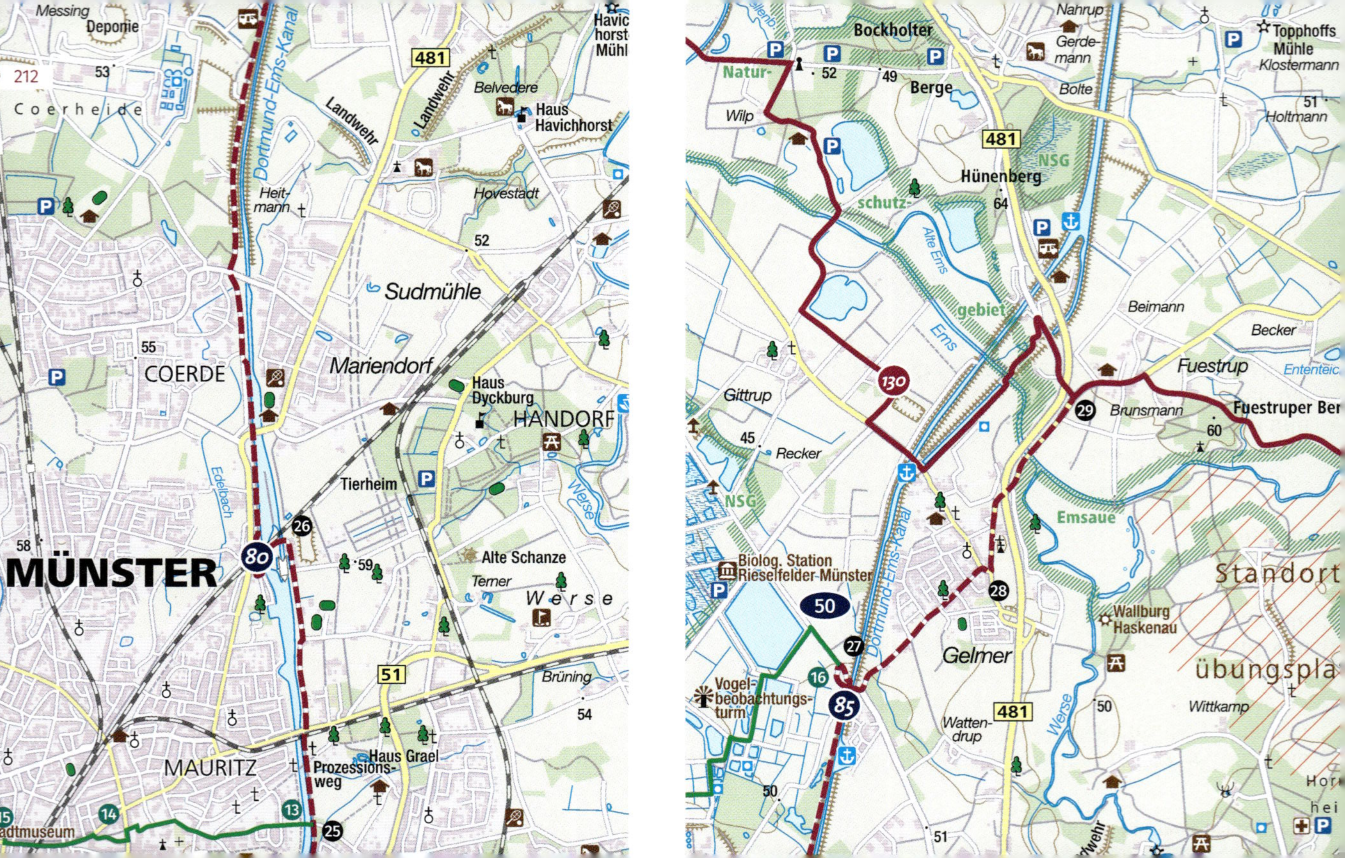

Messing
Deponie
Coerheide
Dortmund-Ems-Kanal
Landwehr
Belvedere
Haus Havichhorst
Heitmann
Hovestadt
Sudmühle
COERDE
Mariendorf
Haus Dyckburg
HANDORF
Tierheim
Edelbach
Werse
Alte Schanze
Terner
MÜNSTER
Brüning
Haus Grael
Prozessionsweg
MAURITZ
Stadtmuseum
Bockholter
Berge
Nahrup
Gerdemann
Bolte
Topphoffs Mühle
Klostermann
Holtmann
Natur-
Wilp
Hünenberg
NSG
schutz-
Alte Ems
gebiet
Ems
Beimann
Becker
Fuestrup
Fuestruper Ber
Brunsmann
Gittrup
Recker
Emsaue
Biolog. Station Rieselfelder-Münster
Standort
übungspla
Wallburg Haskenau
Gelmer
Vogelbeobachtungsturm
Wattendrup
Wittkamp

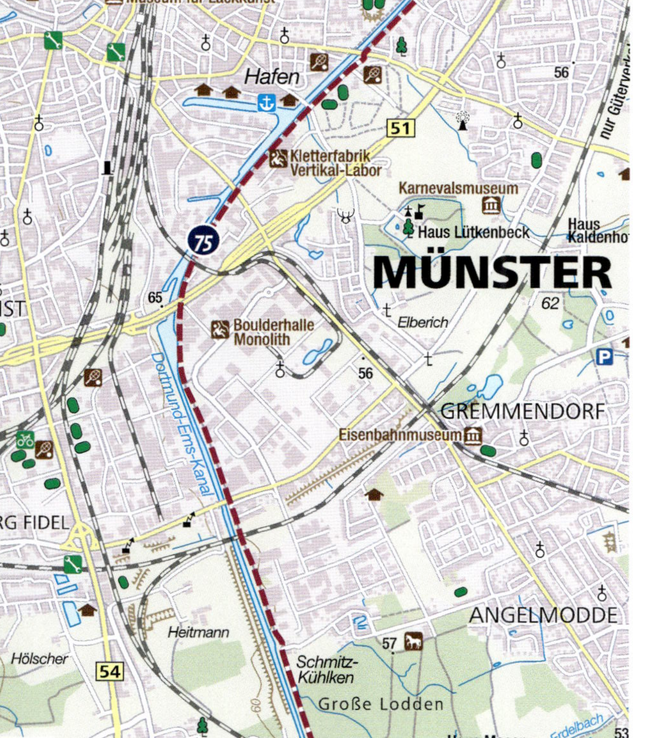

13 → rechts ab zur Straße *Zum Guten Hirten* → links, die Kanalbrücke queren und geradeaus Richtung Innenstadt (Schilder 100-Schlösser-Tour) zur *Warendorfer Straße*

14 auf dem Radweg zur

15 **Promenade**, die rund um die historische **Altstadt von Münster** führt. Von der Promenade erreicht man alle Sehenswürdigkeiten von Münster.

25 Unter der Kanalbrücke hindurch und an der **Schaustelle Kanal** vorbei zur Schleuse Münster

26 → links in die Straße *Dillstiege*, Kanal und Schleuse queren und vor der Straßenbrücke in einem Linksbogen zurück zum Kanalufer, unter der Bahnbrücke hindurch und nun dem linken Kanalufer folgen, nach dem Ölhafen bei der nächsten Kanalbrücke unter dieser hindurch → links zum *Hesseweg*

16 → rechts zu den Rieselfeldern Münster

27 → links, über den Kanal, an der T-Kreuzung → links in die Straße *Zur Eckernheide*, durch Gelmer, an der T-Kreuzung

28 → rechts und gleich → links in die Straße *Alte Schifffahrt*, die Ems queren, weiter auf der *Fuestrußer Straße* bis zur Einmündung in den

29 **EmsRadweg** (weiter nach Emsdetten ab den Seiten 172/173).

Zeit, den Akku aufzuladen

Deine Radreise soll ein unvergessliches Erlebnis werden. Dazu gehört auch das Aufladen der Akkus sowohl von Mensch als auch Maschine. Verlässliche und aktuelle Informationen hierzu finden sich auf den Seiten der Tourismusverbände und Tourist-Information der Orte.

Die Ems bei Haren

ANREISE & ABREISE

Alle Start- und Zielorte sind mit Bus und Bahn zu erreichen. Die Mitnahme von Fahrrädern in Zügen/Bussen wird allerdings sehr unterschiedlich gehandhabt und ist zeitlichen Einschränkungen unterworfen. Informiere dich deshalb vorab:

Deutsche Bahn
www.bahn.de/service/individuelle-reise/bahn_und_fahrrad

TOURENPLANUNG

Beachte bei der Tourenplanung, dass viele stadtnahe Radwege an Wochenenden und Feiertagen stark frequentiert sind. Reserviere deine geplanten Übernachtungen vorab, vor allem, wenn du mit mehreren Personen oder in der Hochsaison unterwegs bist. Informationen zu Übernachtungsmöglichkeiten kannst du auf den Seiten der jeweiligen Tourismusverbände finden.

UNTERWEGS MIT KINDERN

Passe die Fahrstrecke den Bedürfnissen und Fähigkeiten deiner Kinder an. Durch die flache Wegführung und die vielen Einkehrmöglichkeiten direkt am Weg sind alle Abschnitte für Kinder geeignet. Nutze die lohnenswerten Schlenker und andere interessante Ausflugsziele unterwegs (Tier- und Naturparks, Badeseen, Minigolfanlagen usw.), um die Radtour abwechslungsreich zu gestalten. Genügend zu Trinken, etwas Obst und vor allem Badesachen sollten nicht fehlen.

ZENTRALE INFORMATIONSQUELLEN

Emsland Touristik,
Ordeniederung 1,
49716 Meppen,
Tel. 05931/925900,
www.emsland-touristik.de

Münsterland Tourismus, Airportallee 1,
48268 Greven,
Tel. 02571/949392,
www.muensterland-tourismus.de

Ostfriesland Tourismus,
Ledastraße 10,
26789 Leer/Ostfriesland,
Tel. 0491/91969660,
www.ostfriesland.de

ORTE & TOURISMUSBÜROS

BEELEN
Gemeindeverwaltung
Warendorfer Straße 9,
48361 Beelen,
Tel. 02586/8870,
www.beelen.de

DELBRÜCK
Stadtverwaltung
Lange Straße 45,
33129 Delbrück,
Tel. 05250/996112,
www.stadt-delbrueck.de

DITZUM
Verkehrsverein Ems-Dollart
Pfefferstraße 22,
26844 Jemgum-Ditzum,
Tel. 04902/543,
www.ditzum-touristik.de

DÖRPEN
Touristikverein
Hauptstraße 25,
26892 Dörpen,
Tel. 04963/9094020,
www.touristikverein-samtgemeinde-doerpen.de

EMDEN
Tourist-Information
Bahnhofsplatz 11,
26721 Emden,
Tel. 04921/97400,
www.emden-touristik.de

EMSBÜREN
Verkehrverein
Magistratstraße 5,
48488 Emsbüren,
Tel. 05903/93050
www.vvv-emsbueren.de

GEESTE
Gemeindeverwaltung
Am Rathaus 3,
49744 Geeste-Dalum,
Tel. 05937/690,
www.geeste.de

GREVEN
Verkehrsverein
Alte Münsterstraße 23,
48268 Greven,
Tel. 02571/1300,
www.greven.net

GÜTERSLOH
ServiceCenter/Tourist-Info
Berliner Straße 63,
33330 Gütersloh,
Tel. 05241/211360,
www.guetersloh.de

HAREN
Tourist-Information
Neuer Markt 1,
49733 Haren (Ems),
Tel. 05932/71313,
www.haren.de

HARSEWINKEL
Bürgerdienst
Fremdenverkehr
Münsterstraße 14,
33428 Harsewinkel,
Tel. 05247/935200,
www.harsewinkel.de

HEEDE
Touristikverein
Hauptstraße 25 A,
26892 Dörpen,
Tel. 04963/420,
www.heede-ems.de

HINTE
Tourist-Info
Brückstraße 11
(in der Windmühle),
26759 Hinte,
Tel. 04925/990106,
www.hinte.de

HÖVELHOF
Tourist-Information der
Sennegemeinde Hövelhof
Tourist-Info im Rathaus
Schlossstraße 11,
33161 Hövelhof,
Tel. 05257/5009860,
www.hoevelhof.de

HÖRSTEL
Touristikinformation
Kalixtusstraße 6,
48477 Hörstel-Riesenbeck
Tel. 05454/911112,
www.hoerstel.de

JEMGUM
Gemeindeverwaltung
Hofstraße 2,
26844 Jemgum,
Tel. 04958/91810,
www.jemgum.de

LEER (OSTFRIESLAND)
TOURIST-INFORMATION
Ledastraße 10,
26789 Leer,
Tel. 049191/969670,
www.leer.de

IBBENBÜREN
Tourist Information
Oststraße 28,
49477 Ibbenbüren,
Tel. 05451/545450,
www.ibbenbueren.de

LATHEN
Gäste-Info-Service
Haus des Gastes, Große
Str. 3, 49762 Lathen,
Tel. 05933/6647,
www.lathen.de

LINGEN
Wirtschaft & Tourismus
Neue Straße 3 A,
49808 Lingen/Ems,
Tel. 0591/9144144,
www.lingen.de

EPPEN
ourist Information
arkt 4, 49716 Meppen,
l. 05931/153153,
ww.meppen.de

OORMERLAND
ourist-Information
.-Warsing-Straße 79,
802 Moormerland,
l. 04954/8012500,
ww.moormerland.de

ÜNSTER
ourist Info
einrich-Brüning-Str. 9,
143 Münster,
l. 0251/4922710,
ww.muenster.de

DBERGEN
urist Information
te Schulstraße 1,
549 Ladbergen,
l. 05485/3635,
ww.ladbergen.de

DINGHAUSEN
dinghausen Marketing
rg 2,
348 Lüdinghausen,
l. 02591/9260,
ww.luedinghausen.de

ELDE
uristinformation
rum Oelde
tsstiege 1,
302 Oelde,
l. 02522/72800,
vw.oelde.de

TBEVERN
rkehrsverein
n Rathaus 1,
346 Ostbevern,
l. 02532/820,
vw.ostbevern.de

PAPENBURG
Tourist Info auf der Brigg
Friederike
Hauptkanal rechts 68/69,
26871 Papenburg,
Tel. 04961/83960

TOURIST INFO IM PAPENBURGER ZEITSPEICHER
Ölmühlenweg 21,
www.papenburg-tourismus.de

RHAUDERFEHN
Rhauderfehn-Info 1
Südwieke 2 A,
26817 Rhauderfehn,
Tel. 04952/903230,
www.rhauderfehn.de

RHEDA-WIEDENBRÜCK
Flora Westfalica
Rathausplatz 8-10,
33378 Rheda-Wiedenbrück,
Tel. 05242/93010,
www.flora-westfalica.de

RHEINE
Verkehrsverein
Bahnhofstraße 14,
48431 Rheine,
Tel. 05971/800650,
www.rheine.de

RIETBERG
Touristikinformation
Rathausstraße 38,
33397 Rietberg,
Tel. 05244/986100,
www.rietberg.de

SAERBECK
Gemeindeverwaltung
Ferriéres-Straße 11,
48369 Saerbeck,
Tel. 02574/890,
www.saerbeck.de

SALZBERGEN
Gemeindeverwaltung
Franz-Schratz-Straße 12,
48499 Salzbergen,
Tel. 05976/94790,
www.salzbergen.de

TELGTE
Tourismus + Kultur
Baßfeld 4-6,
48291 Telgte,
Tel. 02504/130,
www.telgte.de

WARENDORF
Verkehrsverein
Emsstraße 4,
48231 Warendorf,
Tel. 02581/545454,
www.warendorf.de

WEENER
Tourist Information
Osterstr. 1 (im Rathaus),
26826 Weener/Ems,
Tel. 04951/305500,
www.weener.de

WESTOVERLEDINGEN
Tourist Information
Deichstraße 7 A
(Freizeitpark Am Emsdeich),
26810 Westoverledingen,
Tel. 04955/920040,
www.westoverledingen.de
www.overledingerland.de

1. Auflage 2022 Verlagsnummer 6932 ISBN 978-3-99121-331-4

Text: Raphaela Moczynski

Titelbild: ©Syda Productions – stock.adobe.com)

S. 4-5: ©Prieshof PixEL - stock.adobe.com
S. 6-7 oben: ©Joel Wüstehube - stock.adobe.com
S. 6-7 unten: ©keBu.Medien - stock.adobe.com
S.8-9 oben: ©Münsterland e.V./ Philipp Fölting
S. 8-9 unten: © Emsland Tourismus
S. 10-11 oben: ©hespasoft - stock.adobe.com
S. 10-11 unten: ©Marco - stock.adobe.com
S. 14-15; S. 16-17: © Ira Budanova – stock.adobe.com
S. 18-19: © rustamark – stock.adobe.com
S. 20-21: © YesPhotography – stock.adobe.com
S. 22-23: © dusanpetkovic1 – stock.adobe.com
S. 24-25: © Diamant Fahrradwerke GmbH
S. 26-27: © Pawel Michalowski – stock.adobe.com
S. 30-31: ©Joel Wüstehube - stock.adobe.com
S. 31 unten: ©sehbaer_nrw - stock.adobe.com
S. 32-33: ©fotobeam.de - stock.adobe.com
S. 34: ©Falco – Pixabay
S. 36-37: ©danielpankoke - stock.adobe.com
S. 38-39: ©keBu.Medien - stock.adobe.com
S. 39 unten: © Ulli Heukamp/Bibeldorf Rietberg
S. 40: ©Blickfang - stock.adobe.com
S. 41: ©Manuela Ewers - stock.adobe.com
S. 42-43 unten: ©venemama - stock.adobe.com
S- 42-43 oben: ©manovankohr - stock.adobe.com
S. 44-45: ©song about summer - stock.adobe.com
S. 46-47, 48: ©keBu.Medien - stock.adobe.com
S. 50-51: ©Erich Westendarp – Pixabay
S. 52: ©borisb17 - stock.adobe.com
S. 53 oben: ©sehbaer_nrw - stock.adobe.com
S. 53 unten: ©Münsterland e.V./ Philipp Fölting
S. 54 beide: ©lotharnahler – stock.adobe.com
S. 55: ©sehbaer_nrw – stock.adobe.com
S. 56-57: ©Münsterland e.V./ Philipp Fölting
S. 58: ©manovankohr – stock.adobe.com
S. 59, 60-61: ©mollphoto – stock.adobe.com
S. 62: ©Bernhard Pollmann
S. 63: ©Nicole Lienemann – stock.adobe.com
S. 65: ©lotharnahler – stock.adobe.com
S. 68: ©photofranz56 – stock.adobe.com
S. 69: ©Heimatverein Greven e.V.
S. 70: ©Thomas Mohn/Verkehrsverein Emsdetten e.V.
S. 71: ©RitaE – Pixabay
S. 72-73: ©Emsland Tourismus GmbH
S. 74: ©Heinz Pöpping
S. 75: ©aundrup – stock.adobe.com

76: ©Daniel Bleyenberg – pixelio.de
77: ©Lars Paege – pixelio.de
79: ©TJPhotography.de – stock.adobe.com
81: ©Lars Paege – pixelio.de
83: ©Emsland Tourismus GmbH
84-85: ©Leinemeister – stock.adobe.com
85 unten: ©Barbara Dondrup auf Pixabay
86: ©Klaus Büth – stock.adobe.com
88-89: © Pexels – Pixabay
90-91: ©venemama – stock.adobe.com
92, 93 oben: ©Emsland Tourismus GmbH
93 unten: Stefan Schöning/Emsland Moormuseum, Fotoarchiv
94-95: ©hespasoft – stock.adobe.com
97: ©Emsland Tourismus GmbH
98: ©venemama – stock.adobe.com
100: ©Emsland Tourismus GmbH
101: ©EKH-Pictures – stock.adobe.com
102-103: ©Günter Albers – stock.adobe.com
104: ©Ferienzentrum Schloss Dankern
106: ©Emsland Tourismus GmbH
107: ©Günter Hommes – pixelio.de
108: ©Bernhard Pollmann
109: ©Leher Pünte e.V./Johannes Hegemann
110-111: ©EKH-Pictures – stock.adobe.com
112, 113: ©Emsland Tourismus GmbH
115: ©EKH-Pictures – stock.adobe.com
117: ©Reinhard Thrainer – Pixabay
118-119: ©Uwe Steen – pixelio.de
120: ©Bernhard Pollmann
121: ©Emsland Tourismus GmbH
121: © Jetti Kuhlemann – pixelio.de
124: ©Insa Osterhagen – Pixabay
126-127 oben: ©A. Krebs – Pixabay
127 unten: ©mitifoto – stock.adobe.com
128: ©Klaas Hartz – pixelio.de
129: ©wewi-creative – stock.adobe.com
131: ©flightpixel – stock.adobe.com
132 oben: ©Wolfgang Eckert – Pixabay
132 unten: ©Maria Schomaker – Pixabay
134 oben: ©Stephan Sühling – stock.adobe.com
134-135 unten: ©Günther Ramm – stock.adobe.com
136-137 oben: ©getti – stock.adobe.com
136-137 unten: ©Karsten Paulick – Pixabay
139: ©Klaas Hartz – pixelio.de
140: ©Pixel62 – stock.adobe.com
142-143 oben: ©Gundolf Renze – stock.adobe.com
143 unten: ©Emsland Tourismus GmbH
144: ©Dieter Klinkowski – Pixabay
147: ©rené franken/EyeEm - stock.adobe.com
148: ©Makalu – Pixabay
150-151: ©christian – stock.adobe.com
152: ©reginasphotos – Pixabay

S. 153: ©www.freizeitpark-klaukenhof.de
S. 169: ©A. Schebaum – stock.adobe.com
S. 184: ©Emsland Moormuseum, Fotoarchiv
S. 214: ©venemama – stock.adobe.com

Grafische Herstellung: Raphaela Moczynski
Kartenausschnitte: © KOMPASS-Karten GmbH
Kartengrundlage für Extra-Tourenkarte: © MairDumont, D-73751 Ostfildern 4

Alle Angaben und Tourenbeschreibungen wurden nach bestem Wissen gemäß unserer derzeit gen Informationslage gemacht. Die Radtouren wurden sehr sorgfältig ausgewählt und beschriebe Schwierigkeiten werden im Text kurz angegeben. Es können jedoch Änderungen an Wegen und i aktuellen Naturzustand eintreten. Radfahrer und alle Kartenbenützer müssen darauf achten, das aufgrund ständiger Veränderungen die Wegzustände bezüglich Befahrbarkeit sich nicht mit de Angaben in der Karte decken müssen. Bei der großen Fülle des bearbeiteten Materials sind dah vereinzelte Fehler und Unstimmigkeiten nicht vermeidbar. Die Verwendung dieses Radreiseführe + Extratourenkarte erfolgt ausschließlich auf eigenes Risiko und auf eigene Gefahr, somit eigenve antwortlich. Eine Haftung für etwaige Unfälle oder Schäden jeder Art wird daher nicht übernom men. Für Berichtigungen und Verbesserungsvorschläge ist die Redaktion stets dankbar. Korrektu hinweise bitte an folgende Anschrift:

KOMPASS-KARTEN GMBH
Karl-Kapferer-Straße 5, A-6020 Innsbruck
www.kompass.de/service/kontakt